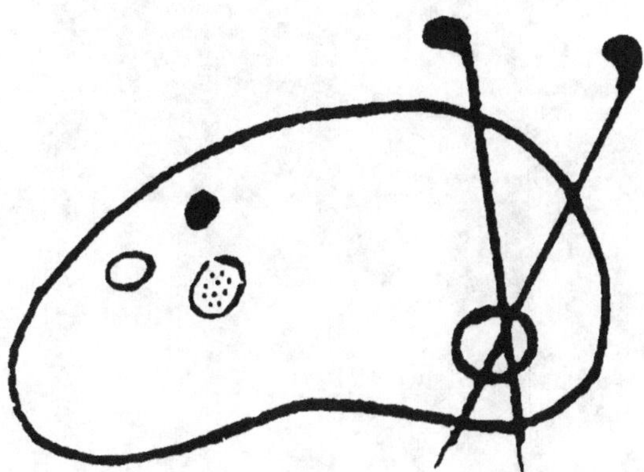

Couvertures supérieure et inférieure
en couleur

IMPORTANCE ET NÉCESSITÉ

DE COLONISER

L'ILE DE MADAGASCAR.

Paris. — Imprimerie de SCHNEIDER, rue d'Erfurth, 1.

IMPORTANCE ET NÉCESSITÉ

DE COLONISER

L'ILE DE MADAGASCAR

PAR LOUIS LACAILLE.

PARIS.

AU DÉPOT, RUE DU FOUR-SAINT-GERMAIN, 40;

Et chez tous les Marchands de nouveautés.

1848

INTRODUCTION.

Au milieu des grands événements qui se passent chaque jour, et des graves questions qui occupent tous les esprits, tout citoyen doit apporter sa part de connaissances, de lumières et de dévouement à la grande œuvre de notre époque, la régénération de la France, c'est-à-dire, le développement moral, le bien-être et la richesse de notre nation, et, par suite, la force et ~~la grandeur de~~ la République.

Je ne suis pas resté étranger aux problèmes dont on cherche la solution en ce moment, et surtout à celui qui touche au travail national, pour l'organiser d'une manière solide et profitable. Les connaissances que j'avais déjà sur les questions coloniales m'ont procuré un sujet d'études très-large et très-fécond, pour réaliser en partie l'organisation du travail, par la colonisation de la grande île de Madagascar, appelée par nos pères *la France orientale*.

C'est le résultat de cette étude que je publie aujourd'hui dans cette courte brochure. Un autre motif de la plus haute importance m'a conduit à faire cette publication : un grand nombre d'ouvriers qui désirent être initiés à toutes ces questions, ne peuvent se procurer les ouvrages spéciaux qui ont été publiés sur Madagascar, et surtout les vieux documents qu'on ne trouve qu'à la bibliothèque nationale. Ajoutons que ces recherches demandent un travail fort long, qui n'est guère utile qu'aux personnes qui veulent connaître à fond Madagascar.

J'ai donc cru me rendre utile à mes concitoyens, et principalement aux ouvriers, en résumant en un petit opuscule tout ce qu'il y a d'important à savoir sur Madagascar, en commençant d'abord par l'exposé de nos droits exclusifs sur ce pays, et en terminant par un aperçu général de toutes les belles productions de cette île, de ses richesses inépuisables, des immenses avantages que la France en retirerait pour le développement de notre marine, le bien-être et la richesse de notre pays.

IMPORTANCE ET NÉCESSITÉ

DE COLONISER

L'ILE DE MADAGASCAR.

Droits de la France sur Madagascar.

Madagascar nous appartient depuis deux siècles; l'histoire politique de ce pays, que nous allons dérouler en peu de mots, viendra sans peine donner la preuve de notre souveraineté que nous avons souvent cherché à établir, quoique sans succès, mais en ne l'abandonnant jamais.

L'île Madagascar fut découverte, en 1506, par le Portugais Tristan d'Acunha. Depuis cette époque jusqu'en 1642, l'île ne fut qu'un point de relâche pour les Français, les Portugais et les Anglais qui se rendaient aux grandes Indes, où les attiraient les richesses et le luxe oriental. Le parti que l'on pouvait tirer de Madagascar restait inaperçu; aussi ne faut-il pas s'étonner qu'aucune de ces nations ne se soit primitivement fixée dans ce pays qui ne paraissait offrir aucun des avantages qu'elles rencontraient à profusion dans l'empire des nadabs et le pays des bayadères.

Mais, en 1642, un ministre à jamais célèbre, à qui la France doit toutes les bases de sa grandeur, le cardinal de Richelieu, comprit la haute importance, pour la France, de l'occupation de Madagascar, comme point maritime et comme source de grandes richesses : aussi, le 24 juin 1642, des lettres patentes, données par Louis XIII, déclarent la souveraineté de la France sur la grande île africaine. Dès lors, en vertu d'un vieux principe reçu chez toutes les nations civilisées, tous les pavillons étrangers se retirent devant le nôtre, et l'Europe reconnait formellement la souveraineté de la France sur Madagascar.

La colonisation commence, mais avec des moyens insuffisants, comme on le verra à la suite de ce récit.

L'an 1642, le cardinal de Richelieu, chef et surintendant général de la marine, accorde au sieur Ricault, capitaine de la marine, le droit exclusif de navigation et de commerce pour lui et ses associés qui formaient la compagnie orientale, avec le privilége d'envoyer seule des colons à Madagascar et dans les îles adjacentes, avec la recommandation, toutefois, d'en prendre possession au nom de Sa Majesté Très-Chrétienne.

Pronis fut envoyé à Madagascar comme agent principal de la compagnie orientale; il était accompagné d'un second, M. Fouquembourg, et de douze Français qui allaient demeurer dans l'île. Avant d'aborder à Madagascar, le bâtiment qui les portait relâcha à l'île Mascareigne (aujourd'hui Bourbon ou île de la Réunion), dont Pronis prit possession au nom de S. M. Louis XIII. A son arrivée sur la côte orientale de Madagascar, Pronis en fit de même de l'île Sainte-Marie, de la baie d'Antongil et de tout le pays appelé Manghabé; il alla ainsi, en longeant les côtes vers le sud, jusqu'à la baie de Sainte-Luce, nommée Manghafia, où il s'établit.

En mai 1643, le capitaine Gilles Rézimont, commandant pour la compagnie orientale, apporte à Pronis un renfort de 70 hommes; mais s'étant établis d'abord dans un lieu malsain, à cause du voisinage des bois et des marais, ces nouveaux venus tombèrent bientôt malades, et la colonie perdit quelques hommes.

Quelque temps après, Pronis changea d'habitation avec ses gens, et vint demeurer à Tholangharen, qu'il nomma depuis le fort Dauphin, endroit très-sain, avec une rade commode, à l'abri de tous les vents, et pays très-riche pour les approvisionnements et l'établissement d'une colonie.

Le 25 mars 1644, un navire de la compagnie, parti de Dieppe, arriva avec 90 colons qui venaient se fixer dans le pays.

Le 26 juillet 1646, le navire *le Saint-Laurent* amène, au fort Dauphin, 45 passagers qui venaient aussi se fixer dans l'île. Ici commencent les mutineries des colons, occasionnées par les désordres de l'administration de Pronis. Nous n'entrerons pas dans tous les détails de cette administration et de ces petites révoltes (la nature de ce livre ne le comportant pas).

La compagnie orientale ayant appris, au retour du *Saint-Laurent*, tous les désordres qui s'étaient passés à Madagascar entre Pronis et les

Français révoltés contre lui, craignant du reste pour l'avenir de ses colonies, s'empressa d'y envoyer M. de Flacourt, comme commandant général de toute l'île et de la compagnie.

Le 19 mai 1648, Flacourt partit avec 80 hommes dont deux prêtres de la mission de Saint-Lazare.

A son arrivée à Madagascar, Flacourt trouva l'établissement français du fort Dauphin dans un très-mauvais état; il en prit immédiatement le commandement, et s'efforça de relever les affaires de la colonie; mais, livré à ses propres ressources et ne recevant, pendant plusieurs années aucun secours de la compagnie, Flacourt ne put améliorer que légèrement la situation de ses colons.

Cependant, malgré ses faibles ressources, et avec sa fermeté, sa persévérance, et une sage administration, Flacourt sut mettre sa colonie à l'abri du besoin pendant toute la durée de son gouvernement, et la préserver surtout des orages qui la menaçaient de tous côtés, de la part des indigènes révoltés, à la suite de nombreuses vexations et d'un enlèvement de 70 des leurs que Pronis vendit à un capitaine hollandais, au mépris du droit des gens.

A son départ, survenu en 1655, obligé de laisser le gouvernement et la direction des affaires entre les mains de Pronis, la colonie décline de ce moment, et penche de plus en plus vers sa ruine.

Aussitôt après le départ de Flacourt, le feu prit au fort Dauphin par la négligence d'un soldat; tout fut entièrement brûlé. Pronis en mourut de chagrin. Le gouvernement fut remis à un nommé Desperriers qui venait d'arriver à Madagascar, avec M. Laforest, commandant pour la compagnie. M. Laforest, étant allé à Manghabé chercher du cristal, brutalisa quelques indigènes qui le tuèrent. A la nouvelle de sa mort, Desperriers et son lieutenant Laroche, prétendant que les grands, voisins du fort Dauphin, avaient été complices de ce crime, les firent venir au fort; après avoir été tenus aux fers pendant deux mois, ces chefs, et entre autres un grand des Machicores, ses fils et trois de ses filles, furent indignement massacrés par les ordres de ce Desperriers, au mépris des lois de l'humanité. Cet épouvantable massacre, froidement exécuté, révolta au dernier point les malheureux Malgaches qui servaient les Français depuis leur arrivée.

En 1656, la concession du commerce et de l'établissement à Madagascar, qui avait été octroyée pour dix ans à la compagnie orientale, ne pouvant être continuée par elle, faute de ressources, le duc de la Meilleraye obtint la cession des droits de la compagnie.

Le duc de la Meilleraye échoua complétement dans son entreprise, parce que, non-seulement il en confia la direction à des hommes incapables, mais lui-même perdit beaucoup de temps en faisant croiser en corsaire, sur les côtes du Brésil, les bâtiments qu'il destinait à Madagascar. Un long séjour en mer, et une mauvaise nourriture, occasionnèrent une grande perte dans le personnel ; le scorbut et la dyssenterie décimèrent les passagers, et, pour surcroît de malheur, l'expédition arriva à grand'peine à Madagascar, au beau milieu de la mauvaise saison.

L'entreprise du duc de la Meilleraye n'aboutit à aucun succès, à cause de son mauvais début et de l'insuffisance des moyens qu'il employa ensuite.

En 1664, Colbert créa la compagnie des Indes orientales lorsque le duc de Mazarin, fils du maréchal de la Meilleraye, céda ses droits à la couronne. Louis XIV, prouvant toute sa sollicitude, non-seulement à maintenir notre établissement de Madagascar, mais encore à l'étendre, intervient lui-même et prend un intérêt de deux millions dans la compagnie française. De ce moment, Madagascar est réunie à la couronne, sous le nom d'île Dauphine.

En 1665, Louis XIV y établit un conseil souverain, et y envoie M. de la Beausse en qualité de gouverneur général. Il investit successivement du même titre et des mêmes pouvoirs le marquis de Mondevergue, l'amiral de la Haye, qui, à son arrivée à Madagascar, prend non-seulement possession, au nom du roi, de toute la côte orientale, mais bien de *l'île entière*. Ses successeurs furent MM. de Champmargou et de la Bretèche.

L'administration de la nouvelle compagnie fut agitée par des dissensions intestines, et discréditée par la déloyauté de ses agents. Toutes ces fautes accumulées, accompagnées d'excès de tout genre, amenèrent une catastrophe terrible : la population indigène, exaspérée, surprit les Français du fort Dauphin dans la nuit du 25 décembre 1672, et les massacra impitoyablement.

Dans ce péril imminent, et au moment de perdre la colonie sans retour, la volonté ferme de Louis XIV ne fléchit pas un instant : elle fut encore plus inébranlable qu'avant nos désastres ; et, en 1686, une ordonnance du roi renouvela la déclaration de la réunion définitive de Madagascar à la couronne, sous le titre de *France orientale* ; mais les revers qui signalèrent les dernières années de son règne, le détournèrent de ses grands projets sur Madagascar.

Louis XV, malgré la faiblesse et les dilapidations de son règne, ne perdit, cependant, pas de vue nos possessions orientales, et voulut continuer l'œuvre de son illustre prédécesseur ; en 1748, Mahé de la Bourdonnais, gouverneur général des îles de France et de Bourbon, explora les lieux ; en 1750, le duc de Choiseul entretint des agents civils et militaires sur toutes les côtes, depuis Sainte-Luce jusqu'à la baie d'Antongil, et fit occuper l'île Sainte-Marie.

En 1768, il chargea M. de Modave de relever le fort Dauphin.

En 1774, le comte Beniowsky fut chargé d'une commission du roi, pour s'établir à Madagascar sous la direction du gouverneur de l'Ile-de-France. Quelques années après, en 1786, à son retour d'un voyage en Europe, Beniowsky profita d'une fable accréditée dans le pays, qui le supposait fils d'une princesse malgache, enlevée par des traitants, pour tourner ses armes contre nous, et se faire reconnaître, à l'aide des naturels abusés, souverain de Madagascar ; mais ses tentatives échouèrent devant une expédition envoyée de l'Ile-de-France. Dans un dernier combat à Angoncy, au moment où Beniowsky chargeait lui-même une pièce de canon, il tomba frappé d'une balle, et paya ainsi de sa vie son audacieuse atteinte à nos droits.

Louis XVI conserva tous nos établissements sur la côte orientale.

En 1792, la Convention, au milieu de ses travaux immenses sur le continent, envoya un agent, M. Lescalier, s'instruire de plusieurs points de débarquement et des moyens possibles de colonisation.

L'Empire reconnut toujours Madagascar comme colonie française, et y envoya la capitaine général Decaen organiser notre domination. Nos troupes occupèrent Tamatave ; et, en 1807, M. Sylvain Roux fut accrédité comme agent principal.

L'art. 8 du traité de Paris stipulait la restitution des établissements que la France possédait en 1792.

Le gouverneur de Maurice, sir Robert Farquhar, prit possession de la côte orientale, comme dépendance de l'île Maurice.

La France réclama ; et le gouvernement britannique adressa, le 18 octobre 1816, l'ordre à sir Robert Farquhar de se retirer.

En vertu d'une dépêche ministérielle du 17 mars 1817, la France reprit possession de l'île ; de plus, le gouvernement comprit la nécessité d'établir à Madagascar, non pas seulement des comptoirs, mais encore une colonie agricole. M. Leforestier, conseiller d'Etat, élabora un projet, et présenta le plan suivant d'expéditions successives :

Première expédition : 1 administrateur en chef, 14 officiers civils, 115 officiers, sous-officiers et soldats, 120 colons ; 1,200,000 francs. M. Portal ne consentit qu'à 300,000 francs ; et enfin, pour comble de bonté, on ne fit rien, en alléguant la détresse du trésor, lequel put, quelques années plus tard, payer le milliard d'indemnité à l'émigration.

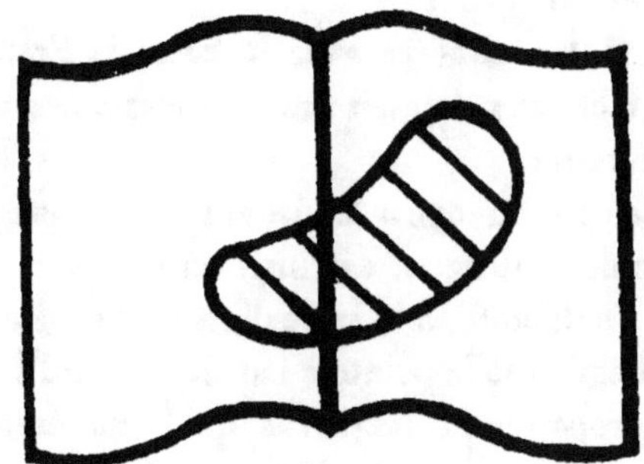

Illisibilité partielle

En 1818, une exploration est faite sous les ordres de Sylvain Roux ; elle conclut à l'établissement de 25 à 30,000 cultivateurs engagés et 5,000 Européens.

M. Mylius, gouverneur de Bourbon, presse le gouvernement d'en finir ; les bureaux répondent que toute colonisation est impossible. On envoie 60 officiers, sous-officiers et soldats et 700,000 francs. C'est avec de telles ressources que la France entendait résister aux envahissements de Radama, stimulé par la politique anglaise.

Les chefs de la côte orientale reconnaissent notre souveraineté, Radama les soumet, incendie Tintingue et Fondaraz ; les Français sont forcés d'abandonner tout le littoral. Pourquoi ? Parce que ce ne sont pas 60 hommes qui peuvent défendre une côte de 350 lieues. Étonnez-vous de nos insuccès : le fort Dauphin fut assiégé par 4,000 Hovas ; il était défendu par cinq soldats et un officier !

Radama nous défend tout commerce avec la côte ; la France subit cette loi. Il ouvre Madagascar aux Anglais ; nous protestons : nous devions agir, et ne point protester.

En 1829, M. Gourbeyre fut envoyé à Madagascar avec une flotte de six bâtiments ; il s'empara de Tintingue, détruisit un fort hova à Tamatave, éprouva un échec à Foulpointe, à la suite d'un cri *sauve qui peut !* jeté par un capitaine, et bombarda la pointe à Larrée. Il perdit un temps précieux en négociations proposées par les Hovas, qui l'amusèrent dans le but d'atteindre la mauvaise saison sur l'influence de laquelle ils comptaient. En effet, les maladies commencèrent, et M. Goubeyre fut obligé de quitter Madagascar pour attendre la fin de l'hivernage et d'autres renforts.

1830 arriva : l'expédition n'eut pas lieu.

La crainte de déplaire à l'Angleterre fut cause que le maréchal Sébastiani signa l'ordre de suspendre toute opération à Madagascar, et nous restâmes avec la honte d'avoir reculé devant une poignée de barbares.

Le gouvernement de Louis-Philippe ne fit que quelques démarches insignifiantes, sans résultat important. Il se contenta de la prise de Nossi-bé et de Mayotte, insuffisantes comme point de relâche dans la mer des Indes et nulles pour le commerce ; ce qui ne prouve pas moins la constante persévérance de la France à maintenir ses droits sur Madagascar et les îles adjacentes, et la pensée de projets ultérieurs.

Depuis l'expédition Gourbeyre, toutes nos possessions et principalement nos forts sont tombés entre les mains des Hovas, restés maîtres du terrain. Non contents de massacrer en partie nos alliés, les Betsimsaraks, qui étaient venus au nombre de 4,000 s'établir aux environs du fort de

Tintingue, sous la pro[illegible] pavillon français, [illegible] aussi [illegible] plus mauvais traite[ment] [illegible] nos traitants.

Depuis cet échec, [illegible] Hovas considèrent comme une victoire décisive contre nous, [illegible] d'une arrogance insupportable; ils affectent même le plu[illegible] mépris pour la France. Les exigences de leur gouvernement devenaient de plus en plus intolérables, et nos traitants étaient victimes des plus odieuses vexations.

Tel était l'état des choses, lorsqu'en juin 1845, la reine Ranavalo, ou plutôt ses ministres, osèrent frapper le grand coup médité de longue main à la cour d'Émirne. Les traitants français et anglais furent invités à un *kabar* (réunion officielle) par les chefs hovas; là, les autorités leur donnèrent communication d'un décret de la reine, arrivé nouvellement de Tananarive, par lequel elle les forçait à se faire naturaliser ses sujets, sans jamais pouvoir sortir de la grande terre malgache, ou à quitter le pays dans le plus bref délai, ne leur accordant que quinze jours pour terminer leurs affaires et réaliser ce qui leur était dû. Ces mesures arbitraires devant entraîner infailliblement la ruine des malheureux commerçants établis à Madagascar sur la foi des traités passés avec la reine, les révoltèrent au dernier point.

Ayant appris ce qui se passait à Madagascar, M. Romain Desfossés, commandant la station de Bourbon, se rendit à Tamatave avec les corvettes *le Berceau* et *la Zélée*, de concert avec la corvette anglaise le *Conway*.

Les commandants, après avoir vainement tenté, par toute espèce de représentations aux autorités hovas, d'obtenir un délai de quelques mois pour donner aux traitants les moyens de prévenir leur ruine, et ayant reçu pour toute réponse des Hovas que tout arrangement était impossible (1), furent obligés de commencer les hostilités. M. Romain Desfossés montra dans cette négociation une patience admirable, en présence de toutes les insolences des hommes de Ranavalo.

Après avoir recueilli tous les traitants à leurs bords, les commandants bombardèrent le fort de Tamatave le 15 juin.

Cette leçon coûta aux Hovas la perte de 200 hommes et un nombre considérable de blessés. Le 17, M. Romain Desfossés quitta Tamatave avec nos traitants complétement ruinés (2).

A la nouvelle de cet événement, le ministre de la marine projeta une nouvelle expédition qui devait se composer, pour le moins, de 4,000

(1) Il est à noter que tous nos traitans étaient créanciers des chefs Hovas.
(2) Nous avons eu dans ce combat quarante blessés et dix-neuf morts, parmi lesquels se trouvaient plusieurs officiers distingués.

hommes d'infanterie et d'artillerie de marine, commandés par le général Duvivier, lorsque la chambre des députés, refusant d'allouer les subsides, les choses en restèrent là.

Depuis ce temps, la colonie de Bourbon, autrefois si florissante, qui tirait de Madagascar tous ses approvisionnements en riz, bœufs, moutons, etc., n'a fait que dépérir, et sa situation est aujourd'hui des plus critiques. L'administration de Bourbon fit tous ses efforts pour renouer nos anciennes relations commerciales, afin de subvenir aux besoins de notre colonie ; mais le gouvernement obstiné de Ranavalo resta sourd à toutes ces tentatives.

Cependant, d'après les dernières nouvelles publiées depuis quelques jours, il paraît que le vieux gouvernement de Ranavalo, si hostile aux étrangers, vient d'être renversé par le fils du prince Ramanatéka, qui lui a substitué des ministres amis du progrès et surtout partisans de l'introduction des *Français* à Madagascar pour le commerce. Cette nouvelle a dû ranimer la colonie de Bourbon, dont la position devenait de jour en jour plus précaire.

Tel est, dans le plus bref détail, le récit de nos tentatives d'établissement à Madagascar depuis plus de deux cents ans. D'un côté, si nous ne voyons pas l'œuvre de nos pères couronnée de succès, nous devons l'attribuer aux nombreuses fautes qu'ils ont commises et aux circonstances défavorables qui ont présidé à nos destinées dans ce pays; de l'autre, nous n'en voyons pas moins une constante persévérance de la France à maintenir tous ses droits, si ce n'est à les faire respecter d'une manière digne d'elle.

Aujourd'hui, la France ne doit pas seulement songer aux avantages matériels qu'elle doit retirer de l'occupation définitive de Madagascar, mais encore se souvenir que nos frères tombés à Tamatave en défendant héroïquement l'honneur de notre pavillon, sont restés sans sépulture. Quand un bâtiment passe devant Tamatave, ce qui s'offre d'abord à ses regards, sur le point le plus apparent de la plage, ce sont les crânes blanchis des malheureux Français que les barbares Hovas ont placés au bout de quelques piques, comme s'ils voulaient encore nous insulter et nous défier par cet épouvantable spectacle. Elle doit se souvenir encore que les insultes faites depuis plusieurs années à notre nationalité n'ont jamais obtenu la moindre réparation, et, par-dessus tout, que ces infortunées tribus des Betsimsaracs, des Bétanimènes et des Ant'-Anossis, devenues l'objet de la haine des Hovas, à cause de leur fidélité et de leur amitié pour le nom français, sont décimées chaque jour par leurs impitoyables ennemis, et nous attendent comme leurs libérateurs.

GÉOGRAPHIE POLITIQUE DE MADAGASCAR.

Caractère, mœurs et coutumes de ses habitants.

L'île de Madagascar, située dans la mer des Indes, à cent lieues des côtes d'Afrique, dont elle est séparée par le canal Mozambique, a dans sa plus grande longueur 300 lieues et 60 dans sa largeur moyenne.

Elle se termine au nord par le cap d'Ambre situé par le 12° 44' latitude, et au sud par le 25° 50'.

De grandes chaînes de montagnes, courant dans diverses directions, la séparent en deux versants principaux : le versant occidental et le versant oriental; ces versants forment de vastes plateaux à différentes hauteurs.

La population est évaluée à environ trois millions cinq cent mille âmes.

Trois races principales, qu'on peut ramener à deux types primitifs, se partagent son sol. Tout le versant oriental est habité par les véritables Malgaches; tout le versant occidental est occupé par les Sakalaves, qui se divisent en Sakalaves du nord, Sakalaves de l'ouest et Sakalaves du sud.

Le plateau de l'intérieur est habité par les Hovas, dont les ancêtres malais, arrivés en dernier lieu dans l'île, furent sans cesse refoulés dans l'intérieur par les peuplades qui occupaient déjà le littoral.

Les Malgaches de la côte orientale ont une origine malaise; mais à la suite d'un mélange successif, ces peuples n'ont conservé que quelques caractères principaux de la race malaise; ils sont en général bien faits, assez robustes, et ont les traits fort réguliers; leur couleur est marron clair, et leurs cheveux sont à demi bouclés.

Les Sakalaves provenant d'un mélange de nègres venus de la côte d'Afrique et de Malgaches proprement dits, ont conservé les principaux caractères du type africain; ils ont néanmoins les traits assez réguliers; ils sont en général noirs et ont les cheveux à demi crépus; ce sont du reste de fort beaux hommes.

Les Hovas (appelés par les Malgaches *Amboe-Lambes*) sont les peuples de Madagascar qui ont conservé avec le plus de pureté le type primitif. En effet, on trouve chez eux les caractères physiques du Malais. Ils sont de moyenne taille, forts, ont les membres bien pris, les traits réguliers, couleur olivâtre, cheveux noirs et bouclés.

Forcés de se retirer, comme nous l'avons dit, dans l'intérieur des terres, ils se sont peu mélangés avec les autres peuplades; c'est ce qui explique cette pureté de caractère qu'on retrouve chez eux.

Chez les Sakalaves du nord on trouve une tribu, celle des Antancars, qui provient en partie d'un mélange de Sakalaves et de marchands arabes venus des côtes d'Afrique, qui se sont établis dans le pays.

Dans le versant oriental, on trouve une petite tribu, celle des Anta-Ymours, qui prétend que ses ancêtres sont venus de la Mecque. On trouve effectivement chez eux des manuscrits arabes très-anciens, et un grand nombre d'usages arabes qu'ils ont conservés. Cette tribu habite le pays appelé Matatane; il y a chez eux des écoles pour les deux sexes, où les enfants apprennent à lire et à écrire l'arabe; malgré cela, les Anta-Ymours n'en sont pas moins les habitants les plus superstitieux de Madagascar.

Les Malgaches de la côte orientale se divisent en plusieurs tribus, parmi lesquelles nous citerons principalement, à partir du nord, les Betsimsaracs, les Bétanimènes, les Bezonzons, les Ant'-Ancayes, les Ambanivoules, les Vourimes, les Antarayes, les Ant'-Anossis, et dans le sud de l'île, les Ant'-Ampâtres, les Mahâfales et les Machicores.

Au nord du royaume d'Ankove, habité par les Hovas, se trouve le territoire des Ant'-Sianacs, qui a été la première conquête des Hovas. Cette tribu est une des plus intéressantes peuplades de Madagascar à cause de la loyauté de son caractère, qui se fait particulièrement remarquer des voyageurs. Elle provient d'un mélange de Sakalaves et d'Hovas. Les Ant'-Sianacs sont en général de moyenne taille, aux traits réguliers et caractéristiques; ils ont le teint brun foncé, et portent les cheveux longs et à demi bouclés; ils sont en général forts et courageux, et, quoique ayant été la première conquête des Hovas, ils ne leur ont pas moins opposé une vigoureuse résistance pendant plusieurs années.

Au sud d'Ankove se trouve la tribu des Betsilos qu'on appelle Hovas du sud. Les Betsilos sont généralement petits; ils ont la couleur olivâtre, les cheveux bouclés ou laineux. Tout le contraire de leurs voisins, ils sont bien loin d'avoir le caractère entreprenant des Hovas en général.

Chez les Sakalaves du sud on trouve la tribu des Anta'-Ménabé, dont les armes ont été redoutables, même aux Hovas; elle est restée, comme tous les Sakalaves de l'ouest et du sud, indépendante des Hovas.

Nous allons maintenant jeter un coup d'œil rapide sur le caractère, les mœurs et les coutumes de ces peuples.

Les Malgaches sont en général intelligents, gais, curieux, légers, rusés, très-superstitieux, vindicatifs, sensuels, hospitaliers, prodigues, se livrant tantôt à la culture, tantôt à la guerre, simplement parce qu'ils en ont besoin ou qu'ils y sont forcés; mais, par-dessus tout, paresseux avec bonheur; vivant au jour le jour, ils n'ont nullement le goût d'amasser de grandes richesses. Aussitôt qu'ils ont quelque chose, ils se dépêchent de le gaspiller; ils sont fort industrieux, mais seulement quand la nécessité les pousse.

A ces défauts, il faudrait en ajouter beaucoup d'autres, tels que le libertinage, l'ivrognerie, le mensonge, si on voulait bien connaître le caractère des Malgaches; mais jusqu'à présent le portrait que nous venons d'en faire est loin de leur être favorable, aussi arrivons vite à leurs qualités, qui, si elles n'effacent pas leurs nombreux défauts, du moins les atténuent beaucoup.

Les liens de la parenté et de l'amitié sont sacrés chez eux; ils exercent envers l'étranger une hospitalité généreuse : généralement doux, affables, compatissants, ils se lient facilement avec lui ; chez eux, la coutume qui leur fait le plus d'honneur, c'est *le serment du sang*, par lequel deux individus qui se conviennent se jurent amitié éternelle, assistance et protection, par lequel enfin ils deviennent frères, et les familles des deux contractants alliées.

Les femmes malgaches ont ces qualités très-développées, leur attachement et leur dévouement pour les Français qui les ont prises pour femmes sont dignes de tout éloge; l'amour de la mère pour son enfant est poussé à l'excès, elle en devient pour ainsi dire l'esclave; mais, à côté de cela, soumise à l'empire de superstitions nombreuses qui déciment une partie de la population, la mère abandonnera son enfant dans les bois s'il est né sous une lune, dans un jour ou des heures réputés malheureux.

Le respect pour les morts est encore une autre qualité des Malgaches; chaque famille a sa sépulture dans la forêt voisine, ou à côté du village; ils ont un jour qui leur est consacré, et ce jour est employé à faire des sacrifices de bœufs sur les tombes mêmes des parents. Les Malgaches sont très-attachés à la mémoire de leurs aïeux, et cette religion des souvenirs est en grande vénération chez eux.

La coutume du pays est aussi d'enterrer les morts avec leur argent, armes, amulettes, et tout ce qui ne les quittait jamais pendant la durée de leur vie.

Disons en passant que la langue des Malgaches est douce et harmonieuse, riche, mais peu compliquée; elle s'apprend facilement, elle est la même pour toute l'île, sauf pourtant chez les Sakalaves, où elle varie dans quelques mots. Comme tous les peuples qui habitent des contrées heureuses, les Malgaches sont passionnés pour la poésie et la musique.

Quant aux mœurs, il faut dire que ces peuples vivent complétement à l'état de nature, usant avec insouciance de tout ce qu'elle a mis à leur disposition.

La chasteté des filles y est inconnue, sauf chez quelques filles de chefs puissants qui font exception à cette règle. Dès qu'elles sont nubiles, elles usent amplement de leurs faveurs en les prodiguant au premier venu, surtout aux blancs; elles vivent dans cet état de liberté jusqu'à ce qu'elles se marient, c'est-à-dire s'engagent à vivre avec l'homme qui leur convient. Dès lors, elles mènent une conduite rangée; tout cela se fait sans autre forme de contrat, qu'un serment entre les deux parties; cette union est rarement rompue, surtout lorsqu'elle a porté quelque fruit. La foi jurée n'est cependant pas toujours bien respectée, car l'attrait des blancs est assez puissant chez les femmes malgaches. Au reste, ce n'est pas mal vu dans le pays. L'amant surpris par le mari lui paye une amende qui n'a rien de déshonorant pour lui.

La polygamie y est en usage; chaque Malgache peut avoir autant de femmes que sa fortune lui permet d'en entretenir. Le Malgache un peu riche a au moins trois femmes, sa *vadin-bé* (première femme), et deux *vadin-massé* (ses maîtresses).

La passion des Malgaches pour les amusements et pour les plaisirs de tout genre est très-grande, aussi est-il inutile de rappeler qu'ils ne manquent jamais les occasions favorables à leurs divertissements. La principale fête des Malgaches est celle qui a lieu à l'occasion de la circoncision (coutume généralement répandue dans le pays). Cette fête se termine toujours par un *ralouba*, espèce d'orgie nocturne, à laquelle prennent part toutes les personnes du village, sans distinction ni de rang ni de sexe; les jeunes gens des deux sexes en sont les principaux acteurs, tandis que les vieillards et les femmes âgées s'enivrent avec de l'*arack*, du *betsa-betsa*, et quelques-uns en fumant du *kansia*; cette orgie ne se termine qu'au matin. La fête a toujours lieu autour d'un grand feu de joie qui brûle toute la nuit.

L'esclavage existe dans tous le pays, mais il ne faut pas s'en faire l'idée exagérée que ce mot emporte avec lui. L'esclavage, à Madagascar, n'est qu'un patronage, et l'esclave, sans en avoir le rang, a toutes les prérogatives de l'enfant dans la famille de son maître; il aide son maître dans la culture des terres et l'éducation des troupeaux, encore n'est-il appelé qu'à partager la minime partie de ses travaux.

Les tribus se divisent en villages, chaque village est gouverné par un chef électif, dans certains endroits, et dans d'autres héréditaire; ces chefs sont rarement indépendants, ils sont en général les vassaux de quelques chefs puissants de la contrée voisine. Les Malgaches, quoique gouvernés despotiquement par tous ces petits chefs, ont beaucoup de respect pour eux, et leur obéissance est sans bornes ; quelquefois cependant ils sont destitués ou mis à mort par leurs sujets, exaspérés par leur mauvaise foi ou leur mauvaise administration.

Le chef règle, administre et fait exécuter tout dans le village qu'il gouverne.

Les Malgaches sont très-superstitieux, ils ont une foi incroyable dans leurs amulettes qu'ils nomment *Auli*, ou *fanfoudis*. Lorsqu'un Malgache est accusé d'un crime, il n'hésitera pas à subir les différentes épreuves auxquelles le soumettent certaines coutumes barbares entretenues avec le plus grand soin par les chefs, car elles sont le plus puissant auxiliaire de leur despotisme.

Les plus terribles épreuves sont : l'exposition aux caïmans, et le tanghin (espèce de jugement de Dieu). Pour abréger les détails, je ne parlerai que du dernier. Le tanghin, est un poison végétal des plus énergiques, il joue le principal rôle dans la procédure criminelle des Malgaches ; c'est par lui qu'on débute d'habitude dans l'information de tout procès légèrement important : l'accusé, quelques minutes après avoir avalé ce breuvage, éprouve de violentes convulsions qui deviennent si affreuses au bout de quelques instants, que le malheureux, en proie aux douleurs les plus vives, et perdant presque toute connaissance, avoue tout ce qu'on lui demande, et même les plus grands crimes et les choses les plus absurdes ; la mort ne tarde pas à frapper l'accusé. C'est toujours l'ombiache (devin) du village qui lui administre le poison au bord de la rivière ou dans le bois voisin, au milieu des principaux du village.

Les Malgaches sont tellement superstitieux, que cette coutume barbare a un immense empire sur eux ; ils sont persuadés que toutes ces épreuves n'auront aucun effet sur eux, lorsqu'ils sont accusés injustement ; aussi, forts de leur innocence, ils se soumettent volontiers à l'épreuve, et vont quelquefois même au-devant, malgré la triste expérience qu'ils en font chaque jour.

Les propriétés des accusés, ayant succombé aux épreuves, sont partagées entre le chef qui en prend la moitié, et les accusateurs de la victime.

Maintenant que le lecteur connaît quelques-unes de ces coutumes barbares qui déciment la population de Madagascar d'une manière si effrayante, il comprendra sans peine pourquoi l'on trouve un si petit nombre d'habitants, pour un pays grand comme la France (on compte à Madagascar une superficie de 25,000 lieues carrées), le plus agréable peut-être de la terre, sous le rapport de ses richesses naturelles. En effet, nous voyons à peine trois à quatre millions d'habitants pour un pays qui recevrait facilement une population de 25 millions d'hommes.

Richesses naturelles de Madagascar.

Le sol de Madagascar est plat sur tout le littoral et va sans cesse en s'élevant jusqu'aux premières chaînes de montagnes; les montagnes, avant d'atteindre les plateaux de l'intérieur, forment de vastes plaines parcourues par de grandes rivières; le sol est partout très-fertile, sauf dans les vallées du plateau d'Ankove, où le bois manque complétement. on n'y cultive que du riz et des légumes; de grandes rivières et une infinité de ruisseaux parcourent l'ile dans tous les sens; d'immenses forêts vierges la traversent dans plusieurs directions, la difficulté d'y pénétrer en rendent plusieurs parties encore tout à fait inconnues. Il faudrait s'étendre très-longuement sur ce pays, pour en donner au lecteur une juste idée, nous nous bornerons simplement à lui citer le fragment d'une lettre que le naturaliste Commerson, écrivait à Lalande en 1771, après avoir passé quatre mois à Madagascar : « Quel admirable pays que « Madagascar, il mériterait seul, non pas un observateur ambulant mais « des académies entières; c'est à Madagascar que je puis annoncer aux « naturalistes qu'est la terre de promission pour eux; c'est là que la na- « ture semble s'être retirée, comme dans un sanctuaire particulier, pour « travailler sur d'autres modèles que ceux où elle s'est asservie ailleurs; « les formes les plus insolites, les plus merveilleuses s'y rencontrent à « chaque pas. Le Dioscoride du nord (Linné) y trouverait de quoi faire « dix éditions de son système de la nature, et finirait par convenir de « bonne foi que l'on n'a encore soulevé qu'un coin du voile qui le « couvre. »

En effet, Madagascar peut être considéré comme le plus beau et le plus riche pays de l'univers; c'est là que la nature a mis tous ses trésors à la disposition de l'homme, et lui prodigue toutes ses richesses. C'est cette contrée, si heureusement partagée, qui mérite au plus juste titre le nom d'*Alma parens* que les anciens avaient donné à la terre.

Le but de ce chapitre étant simplement de faire connaître au lecteur les richesses de Madagascar sous le point de vue économique, j'entrerai immédiatement dans l'exposé rapide de toutes les grandes ressources qu'on y rencontre.

D'immenses troupeaux de bœufs sauvages et domestiques habitent les forêts. Ce sont les bœufs à bosse appelés zébus, on en compte trois variétés : le bœuf à cornes ordinaires, le bouri, bœuf sans cornes, avec la tête ronde, et le troisième qui a les cornes pendantes, attachées à la peau de la tête. On en connaît une quatrième variété qui vit à l'état sauvage et habite les lieux les moins fréquentés. La paire de bœufs se vend tout au plus cinquante francs, et dans d'autres endroits vingt et dix francs.

Il y a une quantité de beaux cabris très-apprivoisés, dont les chèvres portent d'ordinaire deux et trois fois l'année jusqu'à quatre petits.

Il y a des moutons qui sont aussi communs : c'est la variété à poils ras et à grosse queue ; on en voit assez souvent dont la queue pèse quinze à vingt livres.

Des bouquetins sauvages, qu'on ne trouve que dans les montagnes.

Les tenrecs, dont les Malgaches sont très-friands et qui sont très-communs dans les bois.

Les sangliers sont très-nombreux, et les porcs qu'on y élève depuis quelques années sont à très-bon compte.

On trouve dans les bois beaucoup de civettes et de makes (Lemur), dont on connaît trois variétés : la make tachetée de noir, la rouge et la make cendrée.

Des chiens, dont beaucoup sont à l'état sauvage. On a signalé une espèce d'âne sauvage qui habite les montagnes.

Des chauves-souris jaunes de la grosseur d'une forte poule s'y trouvent en quantité ; ces animaux ne vivent que des meilleurs fruits. C'est le gibier le plus gras de toute l'île.

Les oiseaux sont en grande quantité ; comme nous ne nous occuperons que des principaux volatiles, nous passerons sous silence une multitude de petits oiseaux des plus variés.

Les poules, les oies, les canards, les dindes, sont très-répandus ; les dindes se vendent 2 fr. 50 cent. la paire, et les autres 5 fr. la douzaine dans certains endroits.

Tous les lacs, les marais, les rivières, les étangs, sont couverts d'innombrables bandes d'oies et de canards sauvages, de sarcelles, dont on connaît quatre belles variétés ; la poule sultane et la poule d'eau grise, sont très-communes. Les flamands, les hérons blancs et noirs, les spatules, les ibis, et beaucoup d'autres oiseaux aquatiques d'une importance secondaire habitent le long des lacs, étangs, marais, etc.

On rencontre dans les plaines et dans les forêts beaucoup de perroquets (cinq variétés), de tourterelles vertes et grises, de gros ramiers, de faisans, de pintades, de perdrix et de cailles, dont une variété est aussi grosse que la perdrix. Ces dernières habitent de préférence le long des rizières.

Les tortues de terre se trouvent dans beaucoup d'endroits (deux variétés); on trouve le long des côtes beaucoup de tortues de mer, dont la principale est le caret, qui fournit la belle écaille si recherchée pour les arts; la livre se vend jusqu'à 80 fr.

Les lacs, les étangs, les rivières, sont remplis de poissons très-estimés, et principalement de mulets, qui deviennent très-gros, de carpes et de gouramis (poisson excellent qui vient de la grosseur des plus beaux turbots).

Le poisson de mer le dispute en qualité à celui d'eau douce; on en compte plus de trente variétés; le homard et les crabes sont aussi très-communs; on trouve sur les récifs beaucoup d'huitres et de coquillages estimés et recherchés par les Malgaches mêmes.

Les insectes ne cèdent pas non plus la part que la nature leur a assignée dans ce pays fortuné. Les abeilles font un miel excellent, dont on pourrait tirer un bon parti pour les exportations, surtout le miel vert; dans toutes les forêts la plupart des troncs d'arbres sont habités par ces petits animaux qui y entassent une grande quantité de miel.

Passons à l'insecte qui est devenu aujourd'hui d'une si grande utilité à l'homme, le ver à soie; il y a à Madagascar quatre sortes de vers à soie : le ver qui donne un seul cocon, c'est le ver qu'on élève en France; le ver qui fait son cocon en société, et dont la grosse coque contient quelquefois deux et trois cents petits cocons; le ver qui suspend son cocon aux feuilles de l'arbre appelé dans le pays *anaçau*. Le cocon est entouré de petites feuilles; c'est celui qui donne la soie la plus fine et la plus forte. Enfin le ver à soie qui fait son cocon dans le *vantaquier;* la soie en est très-fine; c'est la variété la plus répandue dans le pays.

Madagascar est encore très-riche en d'autres insectes qui produisent du miel, et particulièrement la mouche appelée *sacoudre*, qui donne un miel employé avec succès pour les maladies de poitrine et l'asthme.

Les papillons luisants qui voltigent par milliers dans les bois font un singulier et merveilleux effet.

Nous arrivons maintenant à la description des plantes utiles; c'est dans cette partie de l'histoire naturelle que la nature s'est montrée vraiment prodigue. Nous commencerons par les plantes de première utilité : le riz est cultivé dans toute l'île, même sur les montagnes les plus élevées; c'est la nourriture principale et habituelle de tous les Malgaches;

on en compte six variétés, toutes aussi bonnes les unes que les autres; on en fait deux récoltes par an; le cent de riz revient à 4 fr. 25 cent. Le maïs y vient très bien, et donne de fort beaux produits. Le blé quoique rapportant beaucoup, n'est pas généralement cultivé, parce que les indigènes ont tant de riz à leur disposition, qu'ils n'ont recours à aucun autre aliment de cette nature.

La canne à sucre y pousse naturellement; elle devient fort belle; la terre de Madagascar est si propice à sa culture, que la canne est bonne à être brassée au bout de huit et dix mois; on peut la cultiver dans toute l'île.

Je ne parlerai pas des autres graminées qui couvrent toutes les plaines, je citerai seulement le bambou qui devient très-gros, et est très-utile aux Malgaches pour beaucoup d'usages domestiques.

Les ignames de plusieurs espèces, parmi lesquels nous citerons les cambares (deux variétés), qui sont une excellente nourriture. Les sonzes (plantes de la famille des aroïdées), celle que l'on cultive, et qui est une bonne nourriture, est l'*arum caladium violaceum;* les tiges souterraines deviennent énormes.

Les *convolvulus* (patates douces, trois variétés), le *manioc* (*jatrofa manioc*), servent encore à augmenter considérablement les provisions du pays.

Les courges, citrouilles douces, à plusieurs variétés, principalement celles du Cap, viennent en quantité; les pois du Cap, les haricots, les petits pois ronds, et beaucoup d'autres légumineuses comestibles, sont très-répandus à Madagascar; il y a des variétés de ces pois dont on fait trois récoltes par année.

Une foule d'autres plantes, qu'il serait trop long de mentionner, peuvent encore servir à la nourriture de l'homme.

Les fruits sont en grande quantité et très-variés; nous citerons en première ligne les bananes qui, à elles seules, peuvent subvenir aux premiers besoins d'une colonie; on en compte sept belles variétés; c'est le fruit le plus répandu à Madagascar. Les grappes ou régimes de certaines variétés portent jusqu'à soixante et cent fruits.

Les melons d'eau (deux variétés), l'ananas, le roi des fruits, les grenades, les mangues (douze variétés), les figues, les raisins muscats, les prunes de différentes espèces, les citrons (sept variétés), dont les uns sont doux et très-gros, les petits citrons à écorce très-fine, des citrons monstres, etc., des pamplemousses, des oranges de première qualité, plusieurs variétés, des mandarines, des *vonangassayes,* variété de mandarines de la grosseur d'un abricot; ces fruits viennent par bouquets de dix à douze; l'arbre en est prodigieusement chargé; les gousses de ces fruits ont le goût de raisin muscat. Ces fruits se trouvent en toute saison; les oranges sont particulièrement mûres en mai, juin, juillet, août.

Le café, le cacao, les cocos, les dattes, les arbres à sagou, les palmiers sont assez répandus et y viennent fort bien. Le cœur du palmier, appelé chou-palmiste, est le meilleur légume et la meilleure salade qui soient au monde.

La pharmacie pourrait faire à Madagascar de précieuses conquêtes en plantes médicinales qui y sont en grand nombre, et dont la vertu est souveraine. On trouve en outre beaucoup de plantes connues, telles que le quinquina, le séné, la casse, la salsepareille, le tamarin, le ricin, etc.

Les épices y viennent très-bien, et l'on pourrait en tirer un fort bon parti pour les exportations de muscade, de girofle, de gingembre, de poivre, etc., et des écorces recherchées, telles que la cannelle, le simarouba, etc.

Les arbres qui peuvent servir à l'ébénisterie, à la construction navale sont très-nombreux. Nous citerons entre autres : l'ébène, le nattier, bois excessivement dur, le tacamaca, le bois de fer, le benjoin, le tamarinier, etc.

Des plantes d'un port admirable fournissent aux Malgaches les principaux fils de leurs tissus et de leurs nattes. Ce sont principalement : le moufia, le vacoua, le bananier, l'aloès, etc.

Parmi les minéraux, nous citerons spécialement le fer, dont le minerai se trouve dans toute l'île; l'acier qu'on y fabrique est de première qualité; le fer est particulièrement travaillé dans le pays des Hovas, des Ant'-Sianacs, et dans le sud, chez les Ant'-Anossis. On a signalé des mines d'or et d'argent, mais qui ne sont nullement exploitées; le cristal de roche y est superbe : on trouve dans les montagnes des blocs qui ont jusqu'à trois pieds; les agates, les topazes, les jaspes se rencontrent aussi dans certaines rivières.

Il y a des sources minérales sulfureuses et ferrugineuses, entre autres une source d'eau chaude sulfureuse qui se trouve dans la vallée d'Amboule, dont la vertu est souveraine pour les maladies de foie; d'autres sources salées se trouvent dans certaines contrées.

Nous avons exposé au lecteur une partie minime de ce qu'il y a de beau à Madagascar, il est juste qu'il sache ce qu'il y a de nuisible.

On trouve dans les bois une espèce de chat sauvage de la grosseur d'un jeune chien, qui attaque seulement les veaux : il est, du reste, assez rare.

Certains lacs sont remplis de caïmans, attendu qu'une superstition répandue dans tout le pays protége ces animaux.

On trouve dans les bois de gros serpents qui ne sont nullement dangereux ; ils rendent même beaucoup de services en détruisant les rats et les souris qui y sont en assez grande quantité.

Il existe une araignée très-venimeuse, dont la piqûre entraîne quelquefois la mort, si l'on n'est pas secouru à temps. Elle est assez rare, et ne se trouve que dans les bois.

On trouve aussi à Madagascar un gros singe de la hauteur de 5 pieds, qui vit très-solitaire dans les bois : il fuit l'approche de l'homme ; et, néanmoins, les Malgaches en ont une grande frayeur, parce qu'ils rattachent à cet animal une croyance superstitieuse. Plusieurs espèces de poissons venimeux se trouvent aussi dans les rivières. Outre le tanghin, dont nous avons parlé, on rencontre encore quelques poisons végétaux.

C'est ici le cas de parler de la fièvre de Madagascar. On a beaucoup exagéré l'influence pernicieuse de cette maladie. La fièvre de Madagascar n'est autre qu'une fièvre intermittente accasionnée par le voisinage des marais, et qui a sévi longtemps en France, à Rochefort, dans le Berri, et quelques autres départements du centre et du Midi ; elle est produite par la stagnation des eaux, où viennent se décomposer les matières végétales et animales qui ont été entraînées des montagnes par les torrents.

Du reste, elle ne règne que sur une partie de la côte orientale. La zone des fièvres s'étend depuis la baie de Sainte-Luce jusqu'à la baie d'Antongil ; tout le reste de l'île en est complétement à l'abri, et surtout l'intérieur des terres, où règne un printemps perpétuel.

Ce qui entretient cette fièvre de la baie de Sainte-Luce à la baie d'Antongil, c'est que partout dans ces parages les terres sont basses et marécageuses, à peine si elles s'élèvent à quelques décimètres au-dessus du niveau de la mer ; sur ce sol uni, sans accident, les rivières semblent perdre tout mouvement, leur embouchure est souvent obstruée par les sables que les vents généraux y accumulent sans cesse. Aussi, au lieu de se jeter à la mer, elles se répandent sur le littoral, et forment cette série de lacs et de marais qui se prolongent parallélement à la côte sur une largeur de quatre lieues ; c'est là que viennent séjourner tous ces détritus des forêts, entraînés par les eaux à l'époque de l'hivernage, et qui se décomposent rapidement aux mois de janvier et février, époques des plus grandes chaleurs (maximum, 37° ; minimum, 31°).

Il se dégage de cette décomposition des masses de vapeurs pestilentielles que les vents sont impuissants à dissiper, parce qu'ils soufflent alors du N.-E. et du N.-O., et qu'ils sont interceptés par les montagnes et les forêts. A ces causes d'insalubrité, il faut ajouter l'abondance des pluies, plus fréquentes dans cette partie des côtes que partout ailleurs.

Par le défrichement des bois voisins et le desséchement des marais, on parviendrait vite à faire disparaître cette fièvre. Tout le nord de l'île, à partir de la baie d'Antongil, est aussi salubre que Bourbon, parce que, depuis le rivage, les terres vont toujours en s'élevant jusqu'aux montagnes. La magnifique baie de Diego Suarez est aussi entièrement à l'abri des atteintes de la fièvre.

Nous en trouvons, dans les notices statistiques sur les colonies françaises, imprimées par l'ordre de l'amiral Roussin, la preuve la plus concluante : « La même insalubrité ne se fait point sentir sur le littoral « du nord de Madagascar : on y trouve, au contraire, des plateaux « élevés, parfaitement exposés aux brises de la haute mer; les forêts y « sont éloignées du rivage qui ne présente que des arbres disséminés, « parmi lesquels l'air circule librement; les marais sont rares et peu « étendus; les pluies moins fréquentes, et la température plus sèche que « dans l'intérieur. Les marins, qui visitent ces parages et qui y restent « parfois pendant toute la durée de l'hivernage, s'accordent à dire qu'il « n'y règne ni fièvre, ni autres maladies endémiques ou épidémiques, « à aucune époque de l'année. (P. 27.) »

Au reste, cette fièvre est toujours combattue avec beaucoup de succès par trois remèdes souverains : les vésicatoires aux jambes, le sulfate de quinine et le vin de quinquina.

La baie de Diego Suarez, qui ressemble en grand à la rade de Brest avec son goulet, sauf l'inconvénient de la roche Mingant, est le lieu le plus propre à l'établissement d'une colonie. Cette baie est la plus vaste et la plus sûre du monde; elle a de 18 à 20 lieues de tour, et offre à l'intérieur quatre ports naturels. Elle ne présente qu'une entrée de 1,200 mètres; un fort élevé dans l'île de la Lune qui partage la passe en deux, la rendrait inexpugnable. Deux rivières viennent se jeter dans cette baie, et facilitent les communications avec l'intérieur; elles se nomment l'une, la rivière des Makes, l'autre la rivière des Caïmans. Sous tous les rapports, c'est le point le plus important de Madagascar.

L'île offre encore plusieurs grands ports, et de nombreuses baies que la navigation utilisera par la suite.

Avantages que la France pourrait retirer de Madagascar.

On vient d'entrevoir toutes les richesses de Madagascar ; esquissons briévement tous les avantages que la France pourrait en retirer. Outre le rôle important que nous jouons désormais sur les mers, avec la possession de Madagascar, tout change entièrement de face. Le travail, le bien-être et une existence agréable sont désormais assurés aux colons français qui iront féconder ces terres vierges, qui n'attendent que leurs bras.

En effet, des plantations de café, de coton, de cannes à sucre, l'éducation des vers à soie et des abeilles, qui sont encore à l'état sauvage, peuvent être faites aussitôt l'arrivée des Français dans cette île. De beaux vaisseaux peuvent sortir au bout de quelques années des vastes chantiers de Diégo Suarez. Des exportations de peaux, de bœufs salés, de riz, de beaux cristaux, de fer et d'acier, de denrées coloniales de tout genre, peuvent alimenter la marine marchande immédiatement après notre installation. L'introduction à Madagascar de tous les arbres fruitiers des Indes et de la Chine, importés aux îles de France et de Bourbon par les soins de Labourdonnais, peut être faite avec la plus grande facilité aussitôt la colonisation. Le café, le cacao et les cannes à sucre peuvent être plantés dans tous les points de l'île (1). Les cocotiers peuvent être également répandus, et en peu d'années on pourrait en tirer beaucoup d'huile, qui alimenterait encore le commerce de la métropole ; les huiles de lin, de sésame, de ricin, de pion d'Inde et d'autres végétaux peuvent être exploitées presque immédiatement. La propagation des manguiers pour la culture de la vanille peut être faite sur une grande échelle et dans des plaines de plusieurs lieues carrées.

Une découverte récente faite à l'île Bourbon (1843) peut augmenter les récoltes de la vanille d'une manière prodigieuse : le pied de vanille, qui donnait à peine une gousse par an, et qui n'était considérée, à cause de son peu de rapport, que comme une plante de luxe, donne aujourd'hui de trente à soixante gousses, autant de fruits que de fleurs. La température de Bourbon n'étant pas assez élevée pour cette plante, originaire des endroits les plus chauds du Brésil, s'opposait à la féconda-

(1) Les essais faits depuis plusieurs années par un négociant de l'île Bourbon, M. de Ramsanay, ont été couronnés d'un plein succès ; une plantation de 30,000 cocotiers était déjà en plein rapport au bout de 4 ans.

Je ferai remarquer ici que la terre végétale est vierge et des plus riches, on a trouvé dans certains endroits jusqu'à quatre pieds de terre végétale.

tion des fleurs; aujourd'hui il s'agit tout simplement de venir en aide à la nature et de faciliter la fécondation des fleurs par un moyen artificiel.

La vanille, plante parasite, vient assez vite et affectionne particulièrement le manguier, dont la propagation est des plus faciles. Je mets en fait que la gousse de vanille, qui se vend aujourd'hui 5 francs, vaudrait à peine 10 centimes dans quelques années.

Le café, qu'on ne doit pas seulement considérer comme une liqueur simplement agréable, mais encore comme une substance très-nutritive, à cause de la quantité d'azote qu'elle renferme, descendrait à 50 centimes la livre.

Le sucre, bien trop cher encore pour les classes pauvres, qui en usent à peine, et qui manque même aux tisanes des malades dans les hôpitaux, se vendrait environ 25 centimes la livre.

Le cacao, qui donne cette matière si importante, le chocolat, serait mis à la portée de toutes les bourses.

Le riz, qui prend chaque jour dans notre alimentation une importance plus grande, et qui est une ressource si précieuse dans les années de disette, nous donnerait une céréale peu coûteuse d'environ 10 centimes la livre.

La cire et le miel vert, si estimé dans les colonies, seraient une première branche d'exportation.

La soie, les laines, le lin, le coton, le chanvre, l'indigo, etc., matières précieuses que la France ne produit point, qu'elle achète annuellement aux étrangers, seraient récoltés par des mains françaises ; nos colons les verseraient à profusion sur les marchés de la mère-patrie. Les tissus les plus recherchés et les plus utiles à la santé ne seraient plus désormais le privilége de la richesse.

Telles sont les matières premières que l'on pourrait importer de Madagascar dans des proportions immenses. Les millions que nous donnons tous les ans à l'Amérique du Nord pour ses cotons et ses sucres, au Brésil pour son quinquina, ses cacaos et ses cuirs, etc., resteraient à la fortune publique de la France.

Madagascar, par sa position géographique, peut non-seulement recevoir toutes les cultures intertropicales, mais encore toutes les plantes européennes y trouveraient leur place dans les vallées de l'intérieur, où se trouvent toutes les températures du printemps.

Outre la variété des animaux utiles que Madagascar possède déjà, on pourrait encore y élever les belles races chevalines et asines, qu'on irait prendre à Mascate, en Arabie. C'est là que serait bientôt réalisé le rêve

que faisait, pour la France, un savant professeur du Muséum. En effet,
les lamas, si utiles comme bêtes de somme dans l'Amérique du Sud , les
alpacas, les vigognes, seraient introduits avec la plus grande facilité; et
trouveraient dans les vastes plateaux d'Ancayes le même climat et les
mêmes plantes que dans les chaînes des Andes, habitées par ces animaux.

On sait que les vigognes donnent la meilleure et la plus fine laine
qui soit au monde. Dans les plaines et les forêts, les tapirs, les kangou-
rous, les cerfs, qui viennent si bien à Maurice, les daims, les antilopes,
les chevreuils, les chèvres du Thibet, les cachemires, les mérinos, les
beaux moutons du Cap, pourraient être élevés sur une très-haute
échelle.

N'oublions pas non plus le chameau , si utile à quelques centaines de
lieues de là , et qui viendrait augmenter encore nos richesses domestiques. A Bourbon, quelques-uns de ces animaux rendent de grands services, principalement dans les endroits où l'eau manque. Tous les animaux des zones tempérées peuvent y être réunis et élevés avec beaucoup
de facilité. Enfin, sauf les animaux qui vivent absolument dans les
glaces, tout pourrait être introduit à Madagascar, qui formerait à lui
seul un petit monde, et qui deviendrait pour l'homme le jardin de la
création.

La marine de l'État prendrait un accroissement formidable par le
grand développement que prendrait la marine marchande, qui fournit
de si bons marins à la première.

Les ouvriers, qui n'ont aujourd'hui qu'une existence bien précaire,
trouveraient, comme colons dans la *France orientale*, leur bien-être et
celui de leur famille; nos frères qui resteraient dans la métropole, deve-
nus moins nombreux, seraient moins exposés au chômage , et goûte-
raient aussi les bienfaits de cette grande amélioration sociale, car les
bâtiments marchands chargés de ces belles denrées coloniales viendraient
les verser à profusion dans les ports de la mère-patrie.

Importance de la Colonisation de Madagascar pour la France.

Au siècle dernier, la France possédait de grandes et belles colonies
dans l'Amérique du nord. Cet empire immense, qui s'étendait des Flo-
rides au Labrador et des rives de l'Atlantique jusqu'aux forêts les plus
reculées du haut Canada, nous a été enlevé par le traité de Paris. (1763.)

Pendant que la France éprouvait ces malheurs dans le nouveau monde, Dupleix, aux Indes orientales, faisait des prodiges de valeur et d'habileté pour nous conserver les grandes propriétés territoriales que le génie de Labourdonnais nous avait acquises.

L'empire aliéna la Louisiane, perdit Saint-Domingue et l'île de France.

Depuis que nous avons perdu ces belles colonies, les vaisseaux de l'État, une fois sortis des ports de France, manquent de points d'appui dans toutes les mers, de lieu de refuge et de tous moyens de recrutement et d'approvisionnement.

Saint-Domingue, que la France perdit en dernier lieu, alimentait encore considérablement notre commerce et fournissait à la marine de l'État une pépinière de bons matelots; tant il est vrai qu'une belle et riche colonie peut seule suffire à un pays.

Depuis cette époque, notre marine, autrefois si brillante, va sans cesse en déclinant; les petites colonies qui nous restent sont insuffisantes même à entretenir notre marine marchande, dont le nombre des navires diminue chaque jour. Les matelots français sans engagements dans nos ports sont forcés de naviguer avec les Américains et les Anglais. Dans la séance de la chambre des députés du 13 avril 1846, M. Dangeville a dit à la tribune « *que neuf mille matelots français étaient ainsi contraints de prendre du service à l'étranger.* »

Les tableaux statistiques montrent tous les jours que la navigation de concurrence est à peu près envahie par le pavillon de l'étranger. L'effectif de notre marine, qui était, en 1827, de 14,522 navires, jaugeant 692,123 tonneaux, ne portait plus, en 1844, que sur 13,679 navires, jaugeant 604,637 tonneaux.

Ainsi, pendant que toutes les autres marines s'accroissent, pendant que la Hollande et l'Angleterre multiplient chaque jour leurs richesses et augmentent leurs forces navales, en étendant de plus en plus leurs colonies, nous voyons la nôtre diminuer et perdre, en dix-huit années, 643 bâtiments et 87,468 tonneaux.

La France ne peut rester dans cet état; aujourd'hui plus que jamais, cette infériorité doit disparaître. Elle a besoin de nombreux débouchés pour ses produits manufacturés. Des denrées coloniales de première nécessité nous manquent : le riz, le sucre, le café, le cacao, la vanille, les épices sont encore fort chers; par cela même, plusieurs de ces produits ne sont consommés que par les classes aisées. Le travail manque, parce que les magasins sont encombrés de marchandises de toute espèce, parce que les faibles débouchés que nous possédons sont insuffisants à absorber les produits de nos manufactures. Il faut trouver un moyen de sortir de cet état précaire, et le moyen, c'est de coloniser un pays vaste, riche, agréable, qui peut nous fournir à profusion toutes les denrées que nous venons de citer, et, en outre, du coton, de la soie, de l'indigo, toutes les écorces recherchées, du blé, d'excellent tabac, des bois précieux, et toutes les matières premières nécessaires aux ateliers de teinture, tabletterie, marqueterie; des mines d'or et d'argent, de fer et de l'acier de première qualité, du sel gemme, du *charbon de terre*, et du cristal de roche de la plus grande beauté.

Ce pays si riche, si attrayant, est Madagascar. qui appartient à la France depuis plus de deux siècles.

Avec Madagascar, non-seulement nous trouvons l'écoulement de nos produits manufacturés, mais encore nous réparons toutes les pertes de nos colonies.

Avec Madagascar, notre marine reprend son rang sur les mers, et une ère de grandeur et de bien-être s'ouvre pour la France républicaine.

Tel est le pays dont nous demandons la colonisation. Écoutons, du reste, un vieil historien, Flacourt, qui a gouverné, sept ans nos premiers établissements à Madagascar, et qui a publié la première histoire de ce pays en 1661. A la page 455 de son ouvrage, il dit : « Ce seroit une « entreprise digne d'une puissante république que de coloniser et civili- « ser ce païs, qui offre tant de commoditez. »

Acceptons le mot de Flacourt comme une prophétie.

Je terminerai ce chapitre par quelques paroles de notre excellent historiographe, qui nous servira encore beaucoup si la France se décide à s'établir définitivement dans les anciennes possessions de nos pères.

« Afin que les habitans de cette isle se puissent accoustumer à un bon « négoce, et y prendre goust, il est besoin d'y establir diverses colonies « de François qui eux-mesmes, ainsi que par toutes les isles de l'Améri- « que, cultivent le tabacq, l'indigo, le cotton, les cannes de sucre, y « ramassent les vers à soye à la façon de l'Europe, entretiennent grande « quantité de ruches à miel, recueillent les gommes de Benjoin, Tacama- « cha, et autres gommes odoriférantes, cultivent la racine d'exquine, le « poivre blanc, qui y est partout en abondance, ramassent l'ambre gris « le long de la coste de la mer, négligé par les habitans du païs, cher- « chent dans les rivières plusieurs pierres précieuses de diverses espèces « qui s'y peuvent trouver, observent les montagnes qui contiennent « l'or et le séparent d'avec le sable, où il se trouve en quelques ruis- « seaux, establissent des forges de fer et d'acier, qui est partout en abon- « dance, aillent à la chasse des bœufs sauvages en plusieurs provinces

« pour en amasser les cuirs, et conserver ceux domestiques que les habi-
« tans nourrissent en grande quantité et par troupeaux.

« Ces colonies seraient si faciles à les y establir et à les faire subsister,
« qu'il n'y peut avoir que la difficulté du traject depuis la France, car
« l'isle a toutes les choses avec excez pour le vivre, le vestement et le
« logement, avec plus d'advantages que pas une des isles de l'Amérique,
« n'y mesme du Brésil, de la Floride et de Canadas. Il n'est pas besoin
« d'aller chercher des esclaves au loing pour les amener dans l'isle, ainsi
« que l'on fait aux païs susdits, car elle en est assez fournie. Les nègres
« servent volontairement les François, et, si l'on veut en acheter, on en
« a très-grand marché. Les maistres de villages offrent mesme aux
« François de cultiver leurs terres et les planter à moitié, et ceux qui
« veulent aller demeurer avec eux, contracter amitié et alliance avec
« eux, en espousant leurs filles et leurs parentes, obtiennent d'eux tout
« ce qu'ils veulent. Ce sont des hommes qui sont humbles et soubmis, et
« ne ressemblent pas à ceux de l'Amérique, qui, pour quoy que ce soit
« au monde, ne se veulent point assujettir au travail; au contraire,
« ceux-cy s'y plaisent, et prennent plaisir à voir travailler les chres-
« tiens, soit à la forge, soit à la menuiserie, soit aux autres manifac-
« tures; et quoy que d'eux-mesmes ils soient assez lents et tardifs au
« travail, toutes-fois ce qu'ils entreprennent, ils le perfectionnent assez
« bien, si bien qu'il ne leur manque que l'instruction, laquelle s'y peut
« introduire très-facilement, et entretenir encores mieux. » (Pag. 445,
2e §.)

Depuis Flacourt, rien n'a changé de face à Madagascar, excepté l'as-
servissement du pays par les Hovas. Les pères ont transmis à leurs enfants les mêmes coutumes et la même simplicité; ce sont toujours ces
hommes doux, faciles, gais, et d'un commerce agréable, rien n'a va-
rié dans leurs mœurs; ils sont aujourd'hui disposés, comme alors, à la
civilisation, et nous attendent pour les délivrer de leurs oppresseurs et
leur apporter nos idées fécondes et régénératrices.

Colonisation de Madagascar.

Madagascar ne peut être colonisé et civilisé que par des Français; une longue expérience prouve les vives sympathies de ses habitants (surtout de ceux de la côte orientale) pour nous. Je laisserai du reste parler M. Laverdant, qui a si bien exprimé dans une belle phrase l'attachement des Malgaches pour les blancs de la grande terre (1).

« Entre les colons français et les indigènes de Madagascar, les rap-
« ports seront prompts à s'établir et agréables. Malgré les violences de
« nos soldats, malgré les folies de nos missionnaires, malgré les fraudes
« commerciales de nos traitants, malgré les mauvais traitements et les
« injures que nous avons fait subir aux gens de la côte, malgré notre dé-
« faite et notre honte de 1829, les Malgaches craignent et respectent le
« blanc; ils aiment le Français. Les caractères des deux races se convien-
« nent. Gai, insouciant, bienveillant, enthousiaste, le Malgache est en-
« traîné vers nous par des affinités naturelles qui le tiennent éloigné du
« caractère anglais. Son esprit de finesse et de ruse se trouve d'ailleurs
« plus à l'aise avec nous qu'avec l'Anglais, calculateur sévère et toujours
« sur ses gardes. Nous écoutons complaisamment les histoires qu'invente
« le Malgache, et nous lui démontrons en plaisantant le mensonge de
« ses inventions. Les Anglais l'arrêtent dès le premier mot, avec leur
« gravité magistrale, et l'accablent de leurs airs de hauteur. Le Mal-
« gache s'approche toujours d'un vaza en lui tendant la main; il le res-
« pecte, mais il aime à vivre dans des conditions de familiarité. Un An-
« glais bien élevé, on le sait, ne donne une poignée de main qu'à un
« gentleman bien authentique; et le plus mince sujet britannique, p'ein
« de sa dignité, tient scrupuleusement à distance les hommes des races
« colorées. Les Malgaches aiment le plaisir avec passion, et le purita-
« nisme anglais les fait mourir d'ennui. Le génie souriant de la France
« sera donc toujours le bienvenu sur le sol malgache. »

Cependant, je dois prévenir le lecteur que, malgré cette bonne nature des Malgaches et leurs bonnes dispositions pour nous, nous devons agir envers eux très-sagement, et éviter les nombreuses fautes de nos prédécesseurs. Les Malgaches sont très-attachés à leurs coutumes. Nous devons donc aller tout doucement, et leur faire goûter nos mœurs, nos habitudes et nos coutumes par l'exemple. Deux choses surtout sont à res-

(1) *Vaza tani bé*, nom que les Malgaches donnent aux Français.

pecter à Madagascar pour nous faire aimer encore plus des indigènes : la polygamie et l'esclavage. La polygamie se détruira par la suite, par l'influence du christianisme et l'exemple de nos mœurs. L'esclavage diminuera considérablement par le rachat que nous ferons des esclaves, que nous rendrons travailleurs libres, et qui nous seront de la plus grande utilité dans nos ateliers et dans les campagnes. Ce rachat ne coûtera qu'une avance de fonds, car on a un esclave pour une pièce de toile de couleur de 15 à 20 francs, et l'on pourra se faire rembourser cette somme par l'homme rendu libre, au moyen de retenues faites sur son salaire. On comprend facilement que chaque esclave s'estimera heureux de faire un pareil marché avec nous; et en suivant ce système, dans peu d'années il n'en existera plus dans la colonie.

Quinze mille colons peuvent suivre de près l'expédition; le transport de ces hommes reviendrait à 3 millions en portant le passage de chacur à 200 fr., et cette somme serait suffisante. Ainsi, pour la première colonie, il n'y aurait que les dépenses de transport, d'établissement et des premiers approvisionnements. Au bout de quelque temps, la colonie pourrait pourvoir à ses premiers besoins par elle-même. Il ne faudrait, dans cette première expédition, que des hommes mariés, autant que possible, et des jeunes gens; et, dans les suivantes, les familles entières pourraient venir, parce qu'alors les villages seraient bâtis et fortifiés, et les maisons prêtes à les recevoir.

Beaucoup de jeunes colons pourraient se marier dans le pays même, car les femmes malgaches, surtout dans la tribu des Betsimsaracs, sont jolies, bien faites, douces, intelligentes, et très-attachées et très-dévouées aux blancs qui les prennent pour épouses. Du reste, les colons qui voudront se marier seraient parfaitement accueillis dans les familles des chefs, qui s'estimeraient très-honorées de ces alliances.

Résumons :

Pour ceux qui ont lu attentivement cet opuscule, il doit paraître évident que, par son étendue, la fécondité de son sol, la richesse de ses productions, l'île de Madagascar doit être rattachée à la fortune de la France par une colonisation sérieuse et définitive.

Toute entreprise humaine renferme ses inconvénients et ses dangers; voyons quels sont ceux qui nous attendent à Madagascar?

Les tracasseries de la politique anglaise et l'opposition du gouvernement hova.

Eh bien ! l'histoire de nos établissements dans cette contrée abonde en salutaires avertissements.

L'Angleterre ne nous contrariera point ostensiblement, car nos droits sont incontestables, elle-même les a reconnus. Elle enverra des agents, elle fera des traités secrets avec le gouvernement hova, elle lui livrera de la poudre, des armes, etc. Ce danger, comme on le voit, est fort négatif par lui-même.

Restent les Hovas. Sont-ils redoutables?

Sans doute, si l'on devait suivre les traditions de la restauration, si l'on se contentait d'expédier *quelques centaines de yolofs*, si l'on préposait à la défense d'un fort *cinq hommes et un officier*, si l'on n'embarquait *que soixante-dix-neuf colons*; si l'on faisait cela, l'on exposerait notre pavillon à de nouvelles insultes, à de nouvelles hontes. Nous ne serions plus les blancs de la grands terre, mais bien un peuple soumis à l'Angleterre, comme elle s'en vantait de 1818 à 1826. Un peuple sans courage et sans force, fuyant même devant des sauvages!

Mais est-ce donc ainsi que nous aborderons la grande île africaine?

Non; nous nous présenterons aux Hovas avec une force suffisante pour les soumettre, et substituer nos lois à leur gouvernement abhorré.

Le gouvernement de la République saura apprécier le chiffre de l'armée nécessaire à cette expédition; nous nous bornerons à dire que, d'après les connaissances que nous avons acquises sur Madagascar, cinq à six mille hommes nous paraissent suffisants pour nous rendre maîtres de toute l'île.

La conquête de l'île ne sera pas longue à faire. Il est à considérer que nous n'avons là qu'un seul ennemi, les Hovas, qui oppriment 21 tribus désarmées, et qui nous sont pour la plupart alliées et dévouées. A peine ces tribus verront-elles nos valeureuses troupes se déployer, qu'elles accourront en masse saluer le drapeau de la France, et se joindre à nous avec enthousiasme contre l'ennemi commun (1).

La colonisation commencera donc presque immédiatement après notre arrivée. Nous n'entrerons dans aucun détail sur l'administration coloniale à Madagascar; nous ferons observer seulement que cette grande œuvre demande des soins éclairés et la présence d'hommes capables, dévoués, actifs et à la hauteur de leur mission.

(1) Au moment de mettre sous presse, nous lisons dans *le National* du 6 juin 1848, Qu'un combat sanglant avait eu lieu, entre nos alliés, les Sakalaves et les Hovas: l'engagement à duré plusieurs jours. Enfin les Sakalaves sont restés victorieux, et ont forcé les ennemis à s'enfuir laissant près de huit mille morts ou blessés sur le champ de bataille.

Cette heureuse nouvelle vient confirmer, de la manière la plus péremptoire, tout ce que nous venons de dire. *Hâtons-nous donc, citoyens, Madagascar nous attend!*

Ami sincère des ouvriers, jaloux de la grandeur et de la gloire de la France, démocrate dévoué, je fais des vœux ardents pour que la France républicaine comprenne enfin ces vérités bien simples : qu'il n'est d'avenir pour son industrie manufacturière, pour sa marine et sa richesse nationale, qu'en lui ouvrant de vastes débouchés par le développement des industries agricoles et coloniales.

RADAMA MANJAKA [1].

Conquête des Hovas.

A la fin du siècle dernier, les Hovas, retirés dans les stériles vallées d'Ankove, étaient divisés en une foule de petits Etats indépendants, occupés à quelques branches d'industrie ou à se faire la guerre voisins contre voisins. Un chef intelligent, brave et rusé, qui avait eu quelques succès sur ses voisins, conçut l'idée de réunir sous sa domination tous les petits districts indépendants du pays d'Ankove. Ce chef entreprenant, nommé Dianampouine, commandait primitivement un petit canton situé à une vingtaine de lieues de *Tananarive* (mille cabanes), devenue depuis la capitale des Hovas.

Guerrier intrépide, il se rendit bientôt maître de tout le pays habité par les Hovas, qui le reconnurent pour chef. Dianampouine étendit ses conquêtes jusqu'au pays des Ant'-Sianacs, auxquels il faisait encore la guerre à l'époque de sa mort, arrivée en 1810. Appréciant à juste titre l'avantage qu'il pouvait retirer des rapports et du commerce avec les Européens, Dianampouine les avait attirés chez lui en établissant un comptoir de traite dans ses Etats. Avant de mourir, il recommanda à son fils de toujours respecter les Français et de les attirer chez lui, parce qu'il les regardait comme des hommes supérieurs en connaissances et très-utiles pour civiliser son peuple.

Cet héritier de Dianampouine était Radama, alors âgé de 18 ans. Ce jeune chef, aussi entreprenant que son père, actif, ambitieux, continua avec beaucoup de succès les conquêtes commencées par Dianampouine. Il s'était déjà rendu maître du pays des Ant'-Sianacs en 1815. Ici commence une série d'événements qui nous concernent particulièrement.

<hr>

[1] *Manjaka* signifie chef.

On sait que les îles de France et de Bourbon furent prises, en 1810, par l'escadre anglaise de la mer des Indes. Les traités de 1815 nous rendirent l'île Bourbon, en réservant à l'Angleterre la meilleure de ces îles, à cause de ses ports, qui en font actuellement le point le plus important de la mer des Indes.

Sir Robert Farquhar, alors gouverneur de l'Île-de-France, réclama de l'administration de Bourbon la cession de nos droits et établissements à Madagascar, comme relevant de l'île Maurice (Ile-de-France). L'administration de Bourbon informa immédiatement le gouvernement de la métropole des prétentions de l'Angleterre, et cette contestation fut immédiatement jugée par les deux cabinets. Le gouvernement anglais reconnut formellement nos droits sur Madagascar, et l'ordre fut donné au gouverneur de Maurice d'évacuer les points qu'il occupait sur le littoral.

Sir Robert Farquhar, changeant de politique, prétendit alors que les droits de la France sur Madagascar étaient nuls, en vertu du droit du premier occupant, et que la terre de Madagascar appartenait entièrement aux peuples qui l'habitaient. Singulière prétention en présence de la reconnaissance formelle des droits de la France sur le côté orientale par les naturels eux-mêmes (1818 et 1819).

Dès lors, sir Robert Farquhar, ayant entendu parler de Radama, dont le nom commençait déjà à se faire connaître dans le pays, trouva l'instrument de sa nouvelle politique; il envoya un agent auprès de Radama, chargé de présents pour ce chef. L'accueil que cet agent reçut de Radama lui fut très-favorable, et la promesse d'un traité de commerce passé entre l'Angleterre et le chef des Hovas fut faite à l'agent anglais. Au retour de ce dernier à Maurice, sir R. Farquhar s'empressa de rédiger le traité de commerce dans lequel il reconnaissait Radama seul roi de tout Madagascar. Ce traité fut signé par Radama, et un agent anglais fut accrédité auprès de lui.

Le gouverneur de Maurice envoya aussi deux sergents pour instruire les troupes hovas. L'un d'eux, Brady, est arrivé plus tard aux premières dignités militaires de la cour d'Emyrne : ce fut lui qui instruisit et organisa les troupes de Radama.

L'agent anglais qui avait été accrédité auprès de Radama se nommait Hastie : c'était un ancien sergent de la compagnie des Indes. Homme adroit et entendant parfaitement la politique de son gouvernement, il parvint en peu de temps à se mettre dans les bonnes grâces de Radama; et l'on peut juger de son habileté par le premier résultat de la négociation, c'était l'abolition de la traite des esclaves, que sir Robert Farquhar avait été chargé, par son gouvernement, de faire réprimer.

Un traité concernant l'abolition de la vente des esclaves, qui suscita beaucoup de mécontentement parmi les Hovas et occasionna même la mort de trois membres de la famille de Radama qui avaient osé murmurer hautement contre sa décision, fut enfin signé entre les autorités anglaises, présentes à Madagascar, et Radama; l'Angleterre s'engageait à lui donner annuellement, à titre d'indemnité, des fusils, de la poudre, des pierres à fusil, des toiles, des habits, et 10,000 fr. en pièces d'Espagne. Tel était ce contrat qui fut scrupuleusement respecté par Radama, au risque de perdre son autorité ou la vie; et qui, à la honte de l'Angleterre, ne reçut pas son exécution, lors du remplacement par intérim de sir Robert Farquhar par un autre gouverneur.

Radama fut indigné de cette mauvaise foi dans la violation d'un traité qui lui avait tant coûté, et qui, en définitive, ne tournait qu'à l'avantage de la politique anglaise, permit de nouveau la traite des esclaves dans ses États, et parut très-disposé à se lier aux Français, qui avaient, du reste, beaucoup de partisans parmi les chefs de la côte orientale. Sir Robert Farquhar, de retour à Maurice, voulut recommencer son œuvre, pour ne pas perdre les fruits de sa première négociation qui avait si bien réussi. Il eut recours à l'habileté d'Hastie, devenu tout-puissant à Tananarive, et à l'influence de nombreux présents pour gagner de nouveau la confiance de Radama. Après de longues tentatives, Radama céda, et un nouveau traité fut conclu.

De ce moment la puissance de Radama augmente chaque jour, des équipements sont fournis avec profusion à son armée; ses forces militaires s'organisent par les soins de Brady, devenu colonel; son pouvoir s'étend et s'affermit de jour en jour, et en 1823, dans une grande revue, à Tananarive, à laquelle assistaient les nombreuses députations des peuplades soumises, ce jeune chef sauvage, qui naguère encore portait simplement le simbou et le lamba du pays, paraissait monté sur un beau cheval arabe à la tête de toutes ses troupes équipées à l'anglaise, et lui-même revêtu d'un superbe habit rouge tout chamarré d'or, portant des épaulettes d'officier général, un pantalon bleu et des bottes vertes, et par-dessus tout, sa tête était ornée d'un riche diadème entouré de rubis; il portait une décoration en rubis représentant un vouroun-mahère (1) et à la ceinture, un sabre et des pistolets damasquinés.

L'intérieur de l'habitation de Radama avait aussi changé de face à Tananarive; ce chef, qui vivait, quelques années auparavant, comme les simples Malgaches, n'ayant pour tous meubles dans sa case que quel-

____

(1) Emblème de la puissance chez les Hovas; mot qui veut dire oiseau fort.

ques jolies nattes, possédait alors une espèce de petit palais en bois, entièrement administré à l'européenne. Les repas se faisaient à table, avec une riche vaisselle d'argent, et le tout servi par des pages.

Radama reçut très-favorablement les missionnaires anglais introduits à Madagascar par les soins de sir Robert Farquhar; ils élevèrent bientôt des écoles, où furent instruits tous les fils des grands d'Ankove. Nous n'entrerons dans aucune considération sur la conduite des missionnaires à Madagascar, nous rendons même hommage à leur dévouement, en ne reconnaissant pas moins qu'ils ont été plutôt les missionnaires de la politique de leur gouvernement que les propagateurs du christianisme.

Radama étendit ses conquêtes dans tout le nord de l'île qu'il rendit tributaire, parcourut aussi toute la partie orientale de Madagascar qu'il soumit bien vite ; il poussa ses excursions dans le sud, et l'un de ses lieutenants prit le fort Dauphin en 1825, qui n'était alors gardé que par cinq hommes commandés par un officier. L'armée hova, sous les ordres de Ramanoule, les chassa du pays, le pavillon français fut amené et foulé aux pieds, en présence de nos malheureux compatriotes, trop faibles pour venger cette injure.

Depuis ce temps, le pavillon hova flotte sur le fort Dauphin, tandis que le nôtre n'a encore obtenu aucune réparation.

Les excursions de Radama échouèrent à plusieurs reprises au pays des Anta'Ménabé, et chez les Sakalaves de l'ouest, qui surent toujours lui opposer une vigoureuse résistance et sauver ainsi leur indépendance.

Là, s'arrête l'histoire des conquêtes de Radama, nous sommes en 1828, et la France, apprenant les événements de Madagascar, y envoie comme nous l'avons vu M. Gourbeyre, capitaine de vaisseau, avec une escadre de cinq bâtiments. On sait le résultat de cette expédition, et l'état de nos affaires depuis cette époque.

Revenons maintenant aux derniers moments de Radama.

A la suite de nombreux excès de tout genre, Radama fut atteint d'un mal qui l'enleva à la fleur de l'âge, et l'arrêta au milieu de l'œuvre qu'il venait d'entreprendre, celle de civiliser son peuple. Il mourut en 1828, à l'âge de 56 ans, laissant le pouvoir entre les mains de nombreux prétendants : il revenait de droit à sa fille Raketi, alors âgée de quelques années, que Radama avait eue de Rasalime l'une de ses onze femmes légitimes, fille d'un chef puissant des Sakalaves du sud, avec lequel il avait fait la paix, après une guerre de quelques années.

La mort de Radama fut cachée pendant trois jours à tout son peuple, Ranavalo, sa sœur, ou sa cousine et aussi sa femme, s'empara du pouvoir à l'aide des secours d'Andrianmihaza, son amant, qui était alors chef d'une faction militaire, on fit accroire au peuple hova, que la dernière volonté de Radama avait été d'appeler Ranavalo au pouvoir, comme étant la plus capable de gouverner après lui.

Cette usurpation devait naturellement exciter de graves mécontentements de la part des cousins et autres parents de Radama ; aussi Andrianmihaza et Ranavalo ne perdirent pas de temps. Tous les parents influents de Radama, furent massacrés par trahison, entre autres son cousin Ramanoule, commandant le fort Dauphin, et son beau-frère Rafaralah', ancien chef des Ant'-Sianacs, qui était alors gouverneur général de Foulpointe ; un seul de ses cousins Ramanatéka, qui commandait chez les Sakalaves du nord, ayant appris à temps ce qui se passait à Tananarive, parvint à se sauver avec une centaine de ses serviteurs sur une barque d'Arabes. Il se rendit à Anjuan, où il reçut une hospitalité généreuse de la part du sultan de cette île.

Peu reconnaissant de ce service, Ramanatéka détrôna un an après le sultan qu'il l'avait reçu dans son île.

Ranavalo assura sa domination par ces différents massacres, et depuis ce temps, elle n'a cessé de régner par l'empoisonnement et la terreur en détruisant le moindre chef qui lui portait ombrage. Le tanghin a joué un grand rôle depuis son avénement au pouvoir, tant pour se débarrasser de ses ennemis que pour augmenter ses richesses; tous ses efforts tendent aujourd'hui à assurer le pouvoir à son jeune fils Amboussalama, né deux ans après la mort de Radama, et qu'elle essaye en vain de faire passer pour le véritable fils du défunt monarque.

Son gouvernement ombrageux a toujours cherché l'expulsion entière des étrangers de Madagascar. Aussi, en 1836, les missionnaires anglais, après avoir supporté avec résignation toute espèce de mauvais traitements depuis la mort de Radama, reçurent l'ordre de quitter Tananarive et l'île malgache. Nous avons vu les continuelles vexations de Ranavalo envers nos traitants, et la fin tragique de sa dernière tentative à l'égard des étrangers.

Comme nous l'avons rapporté dans notre premier chapitre, de nouveaux événements viennent de se passer à Tananarive. Le fils de ce même Ramanatéka, retiré à Anjuan, vient de descendre à Madagascar et de renverser le vieux gouvernement de Ranavalo. A la tête des mécontents, il força Ranavalo à changer son administration, en substituant à ses anciens ministres des hommes nouveaux, ennemis du vieux parti hova.

Avant de terminer, je mentionnerai le plus brièvement possible la politique de Radama, les moyens qu'il employa et les circonstances favorables qui le secondèrent, pour arriver si vite à ses nombreuses conquêtes.

Radama avait une grande rapidité de conception. Il sut profiter avec beaucoup d'avantages de tous les moyens que l'Angleterre mettait à sa disposition pour agrandir sa puissance; et tel était, du reste, le vœu le plus ardent de sir Robert Farquhar.

Nous voyons, en effet, son armée s'organiser militairement, par les soins des instructeurs anglais; en peu de temps, il parvint à avoir des troupes assez régulières; ce qui se voyait pour la première fois à Madagascar. À l'instigation d'Hastie, il institua une coutume des plus barbares : c'était de faire brûler vif tout Hova qui prendrait la fuite. La crainte de cet horrible supplice ne les rendait guère plus braves; elle les forçait néanmoins à rester sur le champ de bataille, où ils avaient encore l'espoir de trouver quelques chances de salut. Ses troupes étaient approvisionnées de bonnes munitions de guerre et se servaient assez bien des armes à feu. Avec de telles conditions, la lutte ne devait pas être longue; car chez la plupart des Malgaches, le bruit seul de la mousqueterie sufflt pour les frapper d'épouvante et leur faire prendre la fuite.

Radama n'éprouva de véritable résistance que chez les Ant'-Sianaks, dont le dernier chef, Rafaralah', homme courageux et intrépide, ne fut vaincu qu'après plusieurs années de lutte; et chez les Sakalâves du sud et de l'ouest.

Radama était aussi parvenu à discipliner son peuple, en maintenant les institutions de son père, qui défendaient à tous les Hovas, sous peine de mort, l'usage des boissons fermentées et du tabac; ceux qui connaissent le penchant des Hovas pour l'arack, savent combien ces privations leur étaient dures; mais tels étaient l'ascendant de Radama sur ses sujets et le respect qu'ils avaient pour lui, que pas un murmure ne s'éleva contre cette prohibition. Cependant l'usage du tabac fut permis sur la fin de son règne. Il est à remarquer que Radama se mettait en dehors de cette règle, car sa table était abondamment pourvue de madère, de champagne et de vieille eau-de-vie. D'après les rapports de quelques voyageurs qui ont été invités chez lui à Tananarive; c'était un agréable et joyeux convive, qui faisait autant d'honneur à ces liqueurs que ceux qui avaient grand soin de les lui procurer en abondance.

Radama était très-susceptible et très-ombrageux; pendant toute la durée de son règne, il suivit la même politique à l'égard de ses parents et des chefs qui pouvaient inquiéter sa puissance : c'était de les envoyer gouverneurs dans les provinces les plus éloignées. Ainsi nous le voyons envoyer Ramanoule, son cousin, occuper le fort Dauphin, avec une forte garnison. Rafaralah', qui était devenu son beau-frère après sa soumission, fut nommé commandant et gouverneur de Foulpointe; Ramañatéka, chez les Sakalaves du nord, et ainsi des autres.

On comprendrait difficilement que Radama ait osé faire occuper des possessions françaises, si on ne savait tous les mensonges que lui prodiguait l'agent anglais Hastie (1) : Radama était persuadé que depuis 1815 nous étions asservis par les Anglais, que notre marine avait été détruite, et que nous n'étions plus qu'un peuple d'esclaves en Europe. Ce que Radama voyait en effet autour de lui n'était guère fait pour le désabuser : nous avons vu la garnison du fort Dauphin composée de six hommes, et à cette époque nous avions à peine quelques petits bricks marchands qui venaient de temps en temps à Madagascar; et en 1828, au moment où une expédition assez importante était envoyée de France pour réprimer les Hovas, Radama touchait au terme de ses jours.

Ranavalo lui avait succédé, lorsque M. Gourbeyre arriva à Madagascar.

Je n'entrerai pas dans plus de détails et plus de considérations sur ce jeune chef des Hovas, j'ajouterai seulement que; doué d'un admirable instinct, Radama, avec de bons et loyaux conseillers, serait arrivé vite à civiliser son peuple; sa mort fut une calamité pour les Malgaches en général, car elle les replongea dans la barbarie. Doué de beaucoup de sagacité, et ayant appris, vers les dernières années de son règne, la conduite des Anglais en Asie, Radama s'aperçut bien vite du rôle que l'on voulait lui faire jouer, et se tint toujours sur ses gardes contre les Anglais. Malheureusement, il ne s'est pas trouvé à Tananarive quelques Français influents pour lui faire connaître la vérité et profiter de ses bonnes dispositions à notre égard.

Radama n'est pas non plus exempt de reproches ; il était très-despote et ne souffrait pas la moindre observation de la part de ses sujets, qui furent souvent punis de mort pour cette témérité ; sa conduite envers ses jeunes frères fut indigne; mais ce qu'on a le droit de lui reprocher sévèrement, c'est que, connaissant les funestes effets du tanghin, et au-dessus de toutes ces superstitions malgaches, il ne conserva pas moins cette coutume barbare comme moyen de s'enrichir et de subvenir à ses dépenses. Il est cependant très-probable qu'il aurait fait disparaître cette horrible coutume. Déjà il avait introduit une mesure, assez nulle, il est vrai, mais qui n'en était pas moins un acheminement vers l'abolition complète : c'était l'épreuve préalable du toughin sur des poulets.

(1) Ce même Hastie fit assassiner un Français par les Sirohicas (Gardes) de Radama.

Les Hovas doivent beaucoup à **Radama** ; non-seulement il éleva leur puissance, mais encore il donna une vigoureuse impulsion à la civilisation de son peuple. Il adopta les caractères français pour l'écriture de la langue malgache ; ce fut lui qui fit la conquête de la majeure partie de l'île, qui organisa une armée assez disciplinée, et qui enfin adoucit considérablement les lois pénales de son pays. On lui doit, entre autres, l'abolition de la peine de mort pour le vol.

Le règne de Radama fait époque dans l'histoire de **Madagascar**.

Nous n'avons pas parlé des cessions de territoire tout récemment faites à la France par les chefs des Sakalaves du nord, aujourd'hui retirés sur toutes les petites îles qui ceignent la baie de Passandava. Les droits de la France nous paraissent si incontestables, que nous n'avons pas cru devoir ajouter cette nouvelle preuve. En tout cas, le lecteur saura que tout le territoire du nord-ouest nous a été cédé, en même temps que l'île Nossi-Bé par Tsiouméka, reine de cette île, et Tsimiarou, roi de la petite île de Nossi-Mitsiou.

Les Sakalaves du nord, et particulièrement ceux qui habitent Nossi-Bé, sont des hommes courageux ; ils s'abituent facilement au travail, et les personnes qui les ont vus à bord de nos bâtiments de l'Etat, à la station de Bourbon, savent combien ils nous rendent de services. Ce sont eux, en effet, qui desservent les embarcations, et se rendent encore utiles de différentes manières.

Ils sont faciles à discipliner, et, avec quelques soins, on arriverait à en faire de bons soldats et de bons matelots. Ce sont les meilleurs auxiliaires sur lesquels la France puisse compter.

Les Betsimsaracs, qui sont les Ma'gaches les plus intelligents, nous rendraient encore beaucoup de services, malgré l'idée qu'on se fait généralement de leur poltronnerie. Ce sont les Malgaches qui s'habitueront le plus vite à notre genre de vie, et qui se civiliseront les premiers. Il est juste de dire aussi que c'est avec ce peuple que nous avons conservé le plus de relations depuis deux cents ans.

Actuellement, tous les Malgaches de la côte orientale sont forcés d'aller cultiver les terres de Ranavalo pendant un mois entier, sans recevoir aucune indemnité, ni même la nourriture. Cette corvée se fait à tour de rôle dans chaque village, et ces malheureux sont obligés d'abandonner leurs cabanes pour aller travailler à quinze ou vingt lieues de chez eux.

Notre arrivée suffira seule pour détruire cette mesure, et nous pourrons tirer un grand parti des Betsimsaracs, des Bétanimènes, des Ant'-Anrayes, des Ant'-Anossis, etc., pour le desséchement des marais au moyen d'un salaire. Ces tribus seront enchantées de contribuer à cette entreprise, tout en gagnant le prix de leurs sueurs. Avec de la toile, de l'arack, et quelques verroteries, nous leur ferons faire, à peu de frais, ces travaux d'assainissement.

Il est bon de prévenir le lecteur qu'aucune de ces tribus n'est sujette à l'influence malsaine des marais, et que ce travail n'aura aucun inconvénient pour elles. Il ne s'agit ici que de creuser des canaux pour l'écoulement des eaux, et de construire des barrages à l'embouchure des rivières.

Des desséchements de ce genre ont été exécutés avec un grand succès à Saint-Paul (Ile Bourbon). Toutes les personnes qui ont habité la côte orientale de Madagascar s'accordent à dire qu'ils y réussiraient tout aussi bien, quoique sur une très-grande échelle.

Le passage suivant tiré de Flacourt, rend parfaitement compte de ce qu'est encore Madagascar :

« Les habitans de Madagascar passent plus doucement leur vie que les
« habitans de l'Europe. Ils ne sont point subjects à beaucoup d'in-
« commoditez que l'on a dans les grandes villes. La terre ne s'y vend
« point, les bastimens, le bois, et les couvertures des maisons ne leur
« coustent que la peine de les aller quérir, et de les choisir à leur gré.
« Le poisson ne leur couste qu'à pescher, et le gibier qu'à prendre à la
« chasse. Ils n'ont que faire d'avoir peur des bestes farouches, n'y en
« ayant point, et moins encore de bestes vénimenses, d'autant qu'il n'y
« a aucun serpent nuisible à l'homme, quoy qu'il y en aie de très-gros.
« Les froidures, les gelées, les neges n'y les glaces, ne leur donnent
« point d'appréhension, d'autant qu'il n'y en a point. Les grandes cha-
« leurs n'y sont point si incommodes, comme elles sont en esté en
« France, d'autant que comme les jours y sont presque esgaux aux nuicts,
« elles ne durent pas si longtemps, et en outre le grand chaud, commen-
« çant durant l'esté à neuf heures du matin, est terminé à trois heures

« aprés midy, pendant lequel tems, il s'élève une brise de la mer, qui
« modère tellement la chaleur mesme en plein midy, que plusieurs fois
« je n'en ai point esté incommodé, à cause de ce vent frais qui le tempé-
« roit et qui dure environ trois ou quatre mois l'année, les huit autres
« n'étant qu'un perpétuel printemps.

Nous lisons dans l'ouvrage de M. Lacombe, qui publia son voyage à
Madagascar, en 1840. « Les denrées sont à si bas prix à Tananarive,
« par la difficulté de l'exportation, qu'avec trente francs par mois, on
« peut nourrir dix domestiques, et vivre aussi bien qu'à Paris avec deux
« mille francs (par mois). »

Nous terminerons par quelques traits, qui peindront la bonhomie du
Malgache, et l'abus qu'en ont fait les Français.

Nous lisons dans un chroniqueur :

« Les Malgaches nous demandaient comment nous faisions pour avoir
« d'aussi grosses barres de fer que nous en portions chez eux ; nous leur
« faisions accroire que nous plantions des épingles et des aiguilles en
« France, et qu'au bout d'un certain temps, elles grossissaient comme
« ils voyaient. Dans le moment les poules et les œufs abondèrent chez
« nous, pour une épingle, ils nous donnaient huit œufs, et quatre ou
« cinq poules pour une aiguille et allaient ensuite les planter la pointe
« en haut, comme nous leur avions dit, ils ne manquaient pas tous les
« jours, d'aller voir en quel état elles étaient, cela ne dura pas longtemps,
« comme vous jugez bien, parce qu'ils virent qu'on se moquait d'eux.

« Ils sont forts sujets aux maux de tête ; au commencement nos
« Français, à qui ils s'en plaignaient, leur faisaient accroire que c'était
« une mauvaise vapeur qu'ils avaient renfermée dans le cerveau, que
« pour la dissiper, il fallait y donner de l'air. Il y en eut d'assez sots
« pour se la faire percer. C'est une marque que la douleur qu'ils souf-
« fraient était bien grande. »

Nous trouvons dans M. Laverdant le passage suivant :

« Le grand sujet des querelles du P. Etienne, missionnaire sous le
« gouvernement de Champmargou, c'était la polygamie. A Madagascar
« on a généralement, tant que les moyens de fortune le permettent,
« une grande femme (vadin-bé) et trois petites femmes (vadin-massé).

« Le nombre des concubines est illimité. Dans la morale du pays,
« l'homme est d'autant plus considéré qu'il a un plus grand nombre de
« femmes.

« Le P. Etienne eut la maladresse de vouloir heurter ces mœurs. Il
« commença par discuter, et l'on pense bien que ses arguments n'eu-
« rent pas grand succès. L'histoire nous a conservé quelques-unes des
« objections du sauvage. S'il est bon, disait-il, d'avoir une femme,
« pourquoi serait-il mauvais d'en avoir plusieurs?... Tu veux, Vaza,
« qu'on ne fasse le *Miléi* (l'amour) qu'avec une femme. Dans notre
« pays, il y a beaucoup plus de femmes que d'hommes, comment fe-
« raient les femmes qui n'auraient point d'hommes?... S'il est mal d'a-
« voir plusieurs femmes; si ton Zanhare (Dieu) le défend, pourquoi
« tous les Français du fort couchent-ils avec toutes nos femmes?
« Vous autres Français, vous venez voler notre terre, piller le pays,
« et nous faire la guerre, et vous voulez nous imposer votre Dieu, à
« cause qu'il défend le vol, le pillage et la guerre. Allez, vous êtes
« blancs d'un côté et noirs de l'autre, et si nous passions la rivière,
« ce n'est pas nous que les vouhés (caïmans) prendraient. »

M. Lacombe, dans son ouvrage, raconte que :

« Pendant que le baron Beniowsky commandait à Madagascar, un
« jeune homme d'Angoncy, qui paraissait plus intelligent et plus avide
« de nouveautés que les autres, fut, par ses soins, envoyé en France,
« et placé dans un collège. Lorsque ses études furent terminées, on le fit
« entrer dans un séminaire où il reçut les ordres religieux. Après avoir
« étudié la théologie, ceux qui s'intéressaient à ce jeune Malgache,
« comptant sur l'effet de sa prédication, s'empressèrent de l'envoyer en
« mission dans son pays. Cependant les sermons qu'il faisait à ses com-
« patriotes, loin de les toucher, excitèrent au contraire leur hilarité, et
« le prêtre malgache s'aperçut bientôt qu'il ne convertirait personne.
« Mais, attaché encore à ses devoirs, il disait tous les jours la messe dans
« une petite chapelle que ses protecteurs lui avaient donné le moyen
« d'élever. Les Malgaches que la curiosité y conduisait, trouvèrent ridi-
« cule qu'en officiant, il bût seul, contre l'usage du pays, qui veut
« que l'on partage également entre les assistants tout ce qui se boit et
« qui se mange. Enfin, leurs plaisanteries finirent par prendre un carac-
« tère plus sérieux; les anciens s'assemblèrent, et décidèrent que la messe
« leur paraissait une cérémonie où la sorcellerie avait une grande part,
« que celui qui la célébrait devait être un ampoum-'chave ou sorcier

« malfaisant, et que, pour s'en assurer, il était convenable de lui faire
« prendre le tanghin.

« Instruit du sort qui l'attendait, le missionnaire préféra l'apostasie
« au martyre et renonça pour toujours aux fonctions sacerdotales, il
« prit le simbou, le seidik et la zagaie, et ne se fit pas prier pour re-
« prendre également son premier genre de vie.

« Un vieux voyageur, dont les notes sont inédites, s'exprime en ces
« termes : *Faisons donc honneur au caractère de ces peuples, des*
« *grandes qualités qu'ils possèdent, et rejetons sur l'état d'igno-*
« *rance et de barbarie, inhérent à toute société naissante, les*
« *grands vices qu'on leur reproche. Ajoutons-y l'abus de notre su-*
« *périorité; ils étaient faibles, nous ne fûmes que des tyrans.* Ce
« voyageur, dont le nom ne nous est pas parvenu, aimait les Malga-
« ches, et s'efforçait toujours de les excuser.

« Presque tous les Européens qui ont habité longtemps Madagas-
« car, s'en reviennent, ainsi que lui, enthousiastes de cette contrée et
« comme ensorcelés par ses habitants; ils désirent y retourner; ils se
« plaisent à se rappeler la vie qu'ils y ont menée; ils en font le sujet
« continuel de leurs entretiens. Il y a, cependant, dans ce charme
« qu'exerce Madagascar sur les blancs, quelque chose qui, tout inexpli-
« cable qu'il est, parle en faveur des habitans. (M. DE FROBERVILLE.) »

FIN.

BIBLIOTHÈQUE

NATIONALE

CHÂTEAU

de

SABLÉ

1989